學會從容，人生不慌不忙

擺脫內耗，活出人生的鬆弛感

雨令 ——— 著

SELF-ALIGNMENT

Ways to Adaptation and Self-acceptance

前　言

　　人生是一次關於自己的旅程，你希望它呈現出什麼樣子呢？

　　也許大多數人心中的完美人生是這樣的：18歲成人，22歲大學畢業，25歲工作安穩，30歲之前結婚、買房、生子，然後人生漸漸穩定，直到退休養老。似乎在很多人的眼裡，人生可以被簡單、粗暴地劃分為無數個刻度，他們只要按照時間節點做，就能夠過好這一生。

　　這樣的信念裹挾著我們，讓我們不敢晚走一步，也不敢走錯一步，生怕一步錯步步錯，錯失所謂的「完美」人生。不是每個人都可以「複刻」這樣的「完美」人生，這樣的「完美」人生並不適合所有人，畢竟每個人都有自己獨特的三觀、性格和經歷，所以生活呈現給我們的也必然不是單一的標準，而是多樣的精采。

　　有的人22歲就大學畢業了，但等了5年才找到好工作。有的人25歲就當上了CEO，卻在50歲去世。有的人一直單身，同時也有的人結了婚又離婚。這個世界運轉得飛快，我們習慣

了融入人流之中,習慣了與他人競爭,所以我們可能焦慮,迷茫,內耗嚴重,陷入了自設的牢籠裡無法自拔。

25歲後才獲得文憑,依然值得驕傲;35歲還沒結婚,但過得快樂也是一種成功;40歲沒房沒車也沒有什麼丟臉的。每個人都應該有一份只屬於自己的時刻表,別讓其他人打亂了人生節奏。

現在還沒找到工作,沒關係,繼續靜下心來提升自己,把每一次面試的機會都當成提升自己的契機。現在對未來感到迷茫恐慌,沒關係,你要做的不是擔憂未來,而是活在當下,把當下該做好的每件事情都做好。

並不是每一件計畫出來的事,都有意義;也不是每一件有意義的事,都能夠被計畫出來。每個人都有自己的發展時區。你身邊的有些人看似走在你的前面,也有些人看似走在你的後面,但其實每個人在自己的時區裡都有自己的步程。所以,你不用嫉妒或嘲笑他們,每個人都在自己的時區裡,包括你自己!放輕鬆,你沒有落後,也沒有領先,在命運為你安排的屬於自己的時區裡,一切都準時。

最終你會發現,面對這個變化的世界,你最需要構建的是一種「自洽力」,也就是面對任何變化都可以自我調整、自我安置和自我接納的能力。

當擁有了這樣一種自洽力時,你就能夠在面對人生無常的時候調整自己的狀態,隨時做好應對變化的準備,也可以在失

意低落的時候，安撫自己的情緒，給自己一個獨處的空間，更能夠在生活裡接納自己最真實的樣子，從內心深處汲取力量去對抗人生的熵增（意指混亂無序），活出理想中的樣子。

你要想在人生裡構建這種自洽力，就需要從自我認知、思維和行動這三個維度去提升自己，最終形成一個人生穩態的正三角。它是你面對任何人生變化所能呈現出來的一種內心穩定的狀態，它的內核就是自洽力。

相應地，本書將分別從自我認知、思維和行動這三個層面去闡釋你該如何透過構建個人的自洽力來創造人生穩態。

自我認知篇介紹的是對人生中重要問題的理解、什麼是真實的自己，以及你該如何認識自己、瞭解自己，繪製只屬於自己的人生藍圖。這一篇是自洽力構建過程中很重要的部分，是你構建自洽力的前提，因為如果你對自己不瞭解，那麼如何自洽呢？

思維篇介紹的是想要內心自洽，你應該在思維上有什麼樣的認知變化，比如如何與你的大腦合作，如何看待世界、看待時間等。這些思維方式的認知提升，是你與外界和解的重要籌碼。

行動篇介紹的是如何知行合一，讓你不僅知道，還能做到。很多人的問題不是知道得太少，而是行動得太少。一個內心極度自洽的人，有動力、有能力做那些對自己而言重要的事情。

演算法篇從人生演算法的角度，將前面的知識點落實到生活實踐中，給你提供一種基於自洽力的人生策略。無論你是焦慮迷茫，還是內耗嚴重，無論你面對的是生活的動盪，還是職場的困境，都可以從這些人生策略中找到一股來源於內心自洽的力量，勇敢地面對生活的無常。

最後，我給你提供一個自洽人生指南。在這個指南中，我列舉了你在日常生活中可能會遇到的很多狀況，以及可以參考書中的哪個部分來找到應對的方法，從而幫助你回歸內心的平靜。

你可以透過認識自己、提升認知和採取行動來達到內心自洽，而這種由內而生的自洽力，最終會讓你擺脫內耗，走出屬於自己的人生節奏。

目錄

前　言 003

自我認知篇｜認識你自己 ... 013

人生最重要的問題：你願意承受什麼樣的痛苦　014
- 一個有趣的問題　014
- 痛苦是不確定的世界裡的必然　017
- 學會熬出生活的意義　020

成為你自己，才是人生暴富的捷徑　025
- 成為你自己：不靠運氣致富的必經之路　026
- 活出自我：構建專屬於你的身分系統　030
- 追尋使命：在成為你自己的同時，兼顧利他主義　035

保持情緒穩定，做生活的主人　040
- 情緒化的人，輸在哪裡　041
- 情緒到底來自哪裡　044
- 保持情緒穩定，你該怎麼做　047

自我覺察的層次　054
- 自我覺察的第一層：覺察到自己在做什麼　055
- 自我覺察的第二層：覺察到自己的感受　056
- 自我覺察的第三層：覺察到自己的盲點　058
- 如何提升自我覺察的層次　060

別太把自己當回事，要把自己做的事當回事　　**064**

只有不太把自己當回事，才能把要做的事當回事　　065
處於把事做好的狀態　　067
只有臣服於當下，你才能把事做好　　070
「無我」之後，就是「無為」　　072

生活給什麼都能接得住的人，才能獲得自由　　**075**

焦慮可能是一種人生常態　　075
應對人生焦慮的實用指南　　079
人生的鬆弛感　　085

思維篇｜重塑對生活的認知　　**089**

在日常生活中與你的大腦緊密合作　　**090**

第一步，明確真正想要的是什麼　　092
第二步，把要做的事和快樂聯繫起來　　094
第三步，「觀看」事成的畫面　　096
第四步，將要做的事內化成習慣　　099

幸運是一種看待世界的方式　　**102**

幸運的框架效應　　103
如何主動創造屬於你的好運　　106

尋找人生中的「阻力最小路徑」　　**114**

「我做不到」vs.「我想要」　　115
重建「阻力最小路徑」，尋找人生出口　　120

懂得做事耐心的人，才是時間真正的朋友　　**125**

一夜暴富的背後是深坑　　126
耐心才是王道　　127
等待 vs. 耐心等待　　130
如何更有耐心　　133

比情商更重要的是一個人的時間商　　**137**

時間商：對待時間的態度和利用時間創造價值的能力　　138
複時間：投入到具有複利效應的事情上的時間　　141
暗時間：看似無用，實為大用　　145
心流時間：臨在當下，才能創造價值　　147

內心自洽的五大思維模式　　**152**

思維模式一：真正的大定，是接受世界的不確定性　　153
思維模式二：看問題的角度多了，糾結就少了　　155
思維模式三：與其抱怨現狀，不如躬身入局　　158
思維模式四：自我負責，做一個超現實主義者　　159
思維模式五：從內部而非外部定義成功　　162

行動篇｜人生需要事上練　　**167**

間歇性自律、持續性懶散，你到底做錯了什麼　　**168**

意志力式的堅持，不靠譜　　169
你要追求的不是自律，而是自驅　　170
讓自驅成為你的生活方式　　174

做事沒有動力，你該怎麼辦　　　　　　　　**178**

　　什麼是動力　　　　　　　　　　　　　　　178
　　一個簡單的原則：做點小事　　　　　　　　181
　　人生的自我決定理論　　　　　　　　　　　184
　　尋找做事情背後的意義感　　　　　　　　　188
　　讓例行行動成為習慣　　　　　　　　　　　190

在不確定的世界裡追尋機率的提高　　　　　**195**

　　機率思維：成功的運氣　　　　　　　　　　197
　　真正的聰明人到底是如何決策的　　　　　　199
　　如何追尋機率的提高　　　　　　　　　　　204

找到最重要的事，不斷重複做　　　　　　　**209**

　　人生的核心演算法是什麼　　　　　　　　　210
　　找到最重要的那件事　　　　　　　　　　　212
　　不斷地重複使用自己的核心演算法　　　　　214

把一件事做到極致　　　　　　　　　　　　**218**

　　把事做到極致是什麼樣的　　　　　　　　　219
　　極致踐行能給你帶來什麼　　　　　　　　　223
　　如何把一件事做到極致　　　　　　　　　　227

演算法篇　│　構建穩定的內核　　　　　　**233**

「內卷化」的生活，如何破局　　　　　　　**234**

　　「內卷化」：長時間停留在一種簡單的自我重複的狀態　234
　　對抗「內卷」：在持續行動中反思　　　　　236

打破「內卷」：提升個人的思維層次　　239
　　超越「內卷」：尋找人生發展的第二曲線　　241

生活的穩定來自你的反脆弱能力　　245
　　遇見「黑天鵝」，是遲早的事　　246
　　脆弱的反面不是堅強　　247
　　建立生活的反脆弱系統　　250

決定一個人能走多遠的，是心理韌性　　256
　　心理韌性賦予你的三種能力　　257
　　有較強心理韌性的人所具備的三大特質　　258
　　如何增強個人的心理韌性　　262

人生選擇的底層邏輯　　266
　　選擇主動　　268
　　選擇初心　　270
　　選擇善良　　275
　　選擇成長　　277

附錄｜自洽人生指南　　281

後記：自洽地活　　301

自我認知篇

認識你自己

人生最重要的問題：
你願意承受什麼樣的痛苦

一個有趣的問題

　　這個世界上的人各種各樣，但似乎每個人都希望過上無憂無慮、輕鬆幸福的生活——能夠與喜歡的人在一起，賺一大筆錢，受到眾人的認可和尊重，沒有壓力，沒有煩惱，所有的事情都順心順意。

　　在你的人生裡，你想要什麼？基於上述事實，大部分的答案可能都是「我想要幸福、快樂」。可是，這樣的答案卻並沒有多大意義，因為它是大部分人的標準答案，卻不會對你的人生有任何啟示作用。更有趣的問題是，你願意承受什麼樣的痛苦、願意為什麼奮鬥？也許你過去從未思考過這個問題，但它

才是決定你如何過完這一生的最重要的問題，起著決定性的作用。

每個人可能都想擁有一份出色的工作，都希望自己能財務自由，但並不是都願意早出晚歸、無休止地出差、在安靜和孤獨的夜晚默默地寫稿，以及在創業艱難的時候咬牙挺下去。我們更喜歡沒有風險、沒有犧牲，不需要任何積累就能夠輕鬆地把成功和財富收入囊中。每個人可能都希望有和諧、良好的關係，但並不都願意經歷艱難的交談、尷尬的沉默、不愉快的情緒衝突和情感傷痛來達成美好的關係。我們更喜歡和顏悅色，希望沒有衝突、沒有痛苦，不用做出任何讓人糾結的改變就可以與他人建立一種穩定、和諧的關係，但這些註定是易破滅的幻想，因為任何唾手可得的幸福和快樂都是廉價的，並且只能持續很短的時間，而要想得到持續時間很長的幸福感，就需要奮鬥。

人類並不是為了獲得快樂而存在於這個世界中的。生命的本質主要就是生存和繁衍。與自然界中的其他生物一樣，人類的生理機能本質上並不支持人類一直處於幸福狀態，因為這會降低對危險的敏銳度和警惕性。科學家發現，我們目前正在承受的許多痛苦其實來源於人類的進化。比如，兩條腿直立行走並且能使用工具是人類成功進化的關鍵因素，但是由此對人類脊柱產生的壓力會導致一種特殊的背痛，甚至直立行走也讓分娩變得比其他動物更加危險。但很顯然，人類在願意承受這種

痛苦的代價之下，獲得了比其他物種更有優勢的進化，並走到了食物鏈的頂端。

因此，生活中的重大收穫並不取決於那些舒適感或幸福感，而取決於你願意經歷什麼樣的不適去達成某些目標或得到某些結果。

你很容易面對生命中那些令人愉快的經歷，但在每個人的人生中，如何與糟糕的經歷抗爭才真正塑造了不一樣的個體。如果你想要健康的體魄、完美的身材，可能就要在健身房裡讓身體承受痛苦和壓力，除非你願意合理飲食，每餐只吃八分飽，抵抗美食的誘惑，否則很難鍛鍊出挺拔的體態；如果你想要創業成功，獲得財務自由，可能就要敢於承擔風險，敢於與不確定性交手，除非你願意在失敗之後總結反思，願意付出時間努力工作，否則不會成為成功的企業家；如果你想要理想的伴侶、理想的朋友，可能就需要不計回報地付出，主動關心對方的情緒變化，除非你願意在發生衝突的時候依然想要溝通，願意在發生變故的時候依然初心不變，否則你不會獲得一份真摯的感情。

決定你的人生品質的不是「你想享受什麼」，而是「你願意承受什麼樣的痛苦」。這個世界中大部分美好的東西都暗藏著價碼，如果你想要在生活中獲得某些好處，那麼可能要付出相應的代價。如果你發現自己一個月又一個月，一年又一年地想要什麼，但是什麼也沒得到，那麼其實你並沒有那麼想要

它，只是想要毫不費力地獲得一些大家都覺得很好的東西罷了。

要想得到幸福就需要奮鬥，而努力奮鬥本身就自帶痛苦的屬性。

痛苦是不確定的世界裡的必然

在現實中，大家都在追求安全、舒適、沒有痛苦的體驗，這樣的體驗在出生之前你就體驗過了。

那時，你還是一個在母親肚子裡的胎兒，蜷縮在子宮裡，被海水般的液體包裹著，周圍黑暗、寂靜。你很放鬆，也很舒適，不需要有任何認知，也不需要有任何行動，那裡沒有寒冷，也沒有飢餓。對於你而言，那是一個沒有威脅、非常安全的地方，所以你不會感到絲毫痛苦。

等你出生，降臨到這個世界後，不適感隨之而來，你哇哇大哭，開始有了認知，聽到了不同的聲音，看到了斑駁的光影，感受到了現實世界的冷暖。曾經安全的舒適區蕩然無存，恐懼襲來，痛苦突然就成了一件很確定的事情。然後，隨著漸漸長大，你會面臨升學的壓力，面臨同齡人的競爭，要在這個社會中找一個立足點。不適感，或者說痛苦，漸漸地變成了這個不確定的真實世界裡的一種必然。

痛苦對於個人而言，是必要的。因為如果沒有痛苦，你就

只會停留在那個舒適區中，日復一日地過著毫無變化的生活。能夠感知到痛苦並且能夠藉由它從人生中獲益，才是痛苦之於人生的價值。

有人會問：「思考、努力、提升認知，這些都會讓我們不舒服，讓我們感受到痛苦。人生苦短，我們為什麼不可以做一個追求舒適的人呢？這種很『佛系』的選擇不對嗎？」

不願意思考，不願意努力，只想「躺平」，這種看起來與世無爭、自得其樂的「佛系活法」往往適得其反。

吳伯凡老師曾說過一個很有意思的例子，有一種「窮忙族」，他們不願意上學、上班，也不願意追求世俗的浮華。可是，為了滿足基本的生活需求，他們每天卻要花很長時間遊蕩在地鐵裡撿垃圾，或者去救濟站領取一點生活物資。

這樣的生活舒適嗎？就算你在當下生活沒有負擔，在一個公司裡有一份安逸的工作，沒有過高的生活要求，可是，這個世界是在不斷變化、高速發展的。你的工作隨時可能被別人取代，你能過上的平淡生活，也許某一天會因為物價上漲而變得遙不可及。你所謂的舒適，因為外界的變化，顯得脆弱不堪，隨時可能被打破。

也許你還會狡辯說，可以不斷地降低自己的要求，以獲得那種舒適感。可是，這種以降低自我要求換來的舒適，只會變得越來越不舒適。比如，你為了避免得到打掃房間帶來的不適感和痛苦感，選擇降低自己對房間整潔的要求，結果房間就會

變得越來越亂,然後你又進一步降低自己的要求,這樣就會形成一個惡性循環。你最後獲得的不是舒適感,而是陷入一種持續的將就中。你在舒適上的懶惰,往往要付出一些代價。

其實,就算你已經財務自由,能夠過上一種人人羨慕的舒適生活,但是這時處於舒適區的你,未必能獲得持續的快樂。快樂是有高下之分的,根據馬斯洛的需求層次理論,人們的需求呈現金字塔結構,下面的是生理需求、安全需求,再往上是社交需求和尊重需求,頂端是自我實現需求。在每一種需求得到滿足時,人們都能獲得快樂,但是需求的層次越高,快樂的持久度和愉悅度也會越高。

你認為獲得了很好的物質滿足,尋求到了一種舒適的生活,算是一種快樂,但這只是一種消極的快樂。這種快樂是很

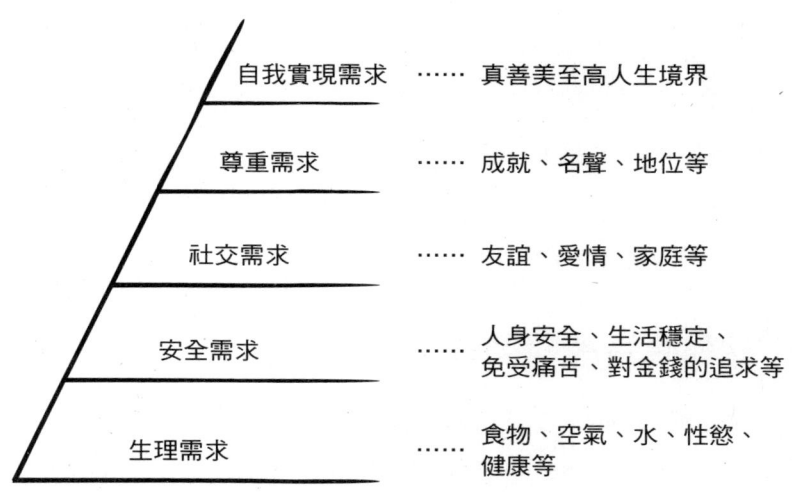

短暫的，體驗多了就會膩，往往並不具有持續性。你在直面痛苦，戰勝痛苦的時候，往往會得到一種更甜暢淋漓的快樂，因為滿足了自己更高層次的需求。比如，一些健身愛好者，在鍛鍊身體的過程中並不感覺舒適，反而會感覺痛苦，但是一旦成功地挑戰了自己的極限，就會感覺快樂，這不僅讓他的健身更有成效，而且能夠持續地激勵他行動，這就形成了一個正向循環。

在很多人的認知裡，吃苦就是賣力，吃苦就是熬夜，吃苦就是不怕累，但這些其實是非常膚淺地理解吃苦。**真正的吃苦，並不是讓身體承受痛苦，而是能夠透過自我掌控和獨立思考去抵抗人性的懶惰。**比如，在面對甜食誘惑的時候敢於拒絕，在一路獨行的時候願意忍受孤獨。真正能吃苦的人明白承受什麼樣的痛苦對其是有價值的，所以會把時間和精力都聚焦在自己想要做的事情上，並敢於捨棄娛樂生活，放棄無效社交，遠離無意義的消費。吃苦在本質上就是願意長時間聚焦於某個目標，而這需要一個人具備自控力、自制力和深度思考的能力。

學會熬出生活的意義

世界的不確定性讓我們明白，痛苦的感受在所難免。在人生的不同階段，我們必然會有不同的煩惱和痛苦，但總是可以

有選擇──是「躺平」，暫時享受舒適，迴避痛苦，還是勇敢地直面痛苦，熬出其中的價值和意義？

有個讀者與我分享了他的生活感受：「我做了一件對於我而言很重要的事情。一直以來我都覺得自己不擅長做這件事情，覺得做這件事情很難，但透過自己的努力一點點地累積。這讓我知道一天天的努力是真的有效的。不要給自己設限這句話我已經聽過太多次了，可只有親身體驗才能懂得，所有我一點一滴地認真做過的，其實都有價值和意義。」

在人的一生中，既會有高光時刻，也會有至暗時刻，但總是有些事，需要你熬一熬才能有所得。以寫作這件事情為例，如果想要成為一個下筆如有神的作家，就不能僅僅靠心血來潮來寫作，你要每天寫，每月寫，每年寫。在這個過程中，你要冥思苦想，要忍受寂寞，要對抗自我懷疑，還要接受別人的評判。即使你得到了一些認可，也需要堅持寫，持續思考，因為停止創作就意味著靈感枯竭，而這個狀態，就是「熬」。

那些所謂的痛苦的、艱難的經歷，都是可以熬過去的。當一個人有了熬的真本事時，他的內心就會生長出一種自洽力，讓他勇於、安於對抗當下這個世界的不確定性，讓生活有意義。

如果你熬過粥，就該知道，從生米加水，到最後熬成一鍋好粥，需要的是時間的沉澱。所以，**熬不同於其他的努力，不是一個瞬間完成的動作，而是一個持續發力的過程**，是帶著些

許挑戰的匍匐前行，這聽起來就不是一件輕鬆的事情。

村上春樹在成為小說家之前，開了一家爵士樂酒吧。雖然他做的是自己喜歡做的事情，但是負債累累，償還債務頗為艱難。當時，他和太太每天起早貪黑，省吃儉用，家裡既沒有電視，也沒有收音機，甚至連一個鬧鐘都沒有。因為沒有取暖設備，在寒夜裡只好緊緊地摟住家裡的幾隻小貓睡覺，互相取暖。後來，他有了寫小說的念頭，除了每天記帳，檢查貨物，還要鑽進吧檯後面調製雞尾酒，烹製菜餚，在深更半夜店鋪打烊之後，再回到家裡，坐在廚房的餐桌前寫稿子，一直寫到昏昏欲睡。

這樣的生活持續了將近三年，不過他總算心無旁騖地度過了那段艱苦歲月。在這個過程中，村上春樹活過了相當於普通人兩倍的人生，磨礪了自己的寫作技巧和能力，同時也獲得了專業獎項。村上春樹在文章裡回顧那段歲月的時候寫道：「回過神來，我多少變得比以前堅強了一些，似乎多少也增長了一些智慧。」「儘管眼下十分艱難，可日後這段經歷說不定就會開花結果。」

剛開始，可能是熱愛和渴望驅動著大家堅持，但是渴望足以支撐那麼長時間嗎？沒有人知道，而且即使你再熱愛，每天反覆地去做同一件事情，也是枯燥的、辛苦的，但村上春樹只有一個念頭──我想要成為小說家。他堅持寫作，把時間和精力都花費在文字的打磨上，這就是他在時間裡熬著自己所愛。

只是簡單地堅持並不算熬,因為你只是在隨意地打發時間,對你的生活產生不了什麼價值。但是,如果在堅持之外再加上專注,你就是在主動地為生活創造價值,這才是熬時間的意義。

熬的這個過程,其實對應著物理學裡的「做功」過程。

在經典物理力學中對「做功」有這樣的定義:當一個力作用在物體上,並使物體在力的方向上通過了一段距離時,這個力對物體就做了功。熬的過程,就是你在人生裡做功的過程。對應到力學,專注就是你作用在人生某件事情上的「力」,而堅持就是你讓這件事情在力的作用下通過的「距離」。當在熬的這段時間裡真正地做功時,你就會將做功的能量轉換到這件事情上,讓這件事情有一個對你而言好的結果。

生活中「熬」的本質就是堅持和專注。在人生裡,但凡有點價值的結果,往往都不會輕易地顯現。你要慢慢熬,慢慢悟,感受生活中的一點一滴。每一個對自己的人生稍有期待的人都如此,都需要熬。這個艱苦的工作,是人註定要做的,幸福的孩子如此,不幸的孩子也如此,只是每個人熬的路徑不同。你的人生可能不會一帆風順,你很可能在轉角處經歷生活的至暗時刻,可是你要熬過那些令人沮喪的日子,要堅持住,要專注於做某件事情,然後一步一步熬出其中的意義,而這是人生註定的任務。

生活從來都是不容易的。你在生活裡熬過什麼樣的痛苦,

才能最終造就一個什麼樣的你。這個熬的過程，就是你發掘生活意義的過程。其實，幸福和美好不是唾手可得的，而是需要抗爭和堅持的。然後，你才能在時間的見證下，熬出生活的意義。

有時候，我會問別人：「你願意怎樣受苦？」很多人在聽了這個問題後都會很疑惑地看著我。他們詫異的是，為什麼要選擇受苦？每天開開心心不是更好嗎？可是，在漫長的人生裡，你必須主動地選擇做一些困難的事情，不能沒有痛苦地生活，生活中更不可能全都是鮮花和掌聲，在更多的時候，生活中充滿了荊棘和誘惑。

你願意承受什麼樣的痛苦，願意為什麼奮鬥，才是最重要的問題。想要享受什麼是一個簡單的問題，每個人幾乎都有相同的答案，但是更有意義的問題是，在你的人生裡，你願意承受的痛苦是什麼？

你對這個問題的答案，會真正讓你打開某扇自由的大門。

成為你自己，
才是人生暴富的捷徑

　　從微信開始有朋友圈，我就一直用這個簽名——有時候我需要退開一點，清醒一下，然後提醒自己，我是誰，要去哪裡？

　　我已經不記得是在哪裡看到這句話的，只是每次要在一個新的社交帳號上設置個性簽名的時候，幾乎都會將它填上。這句話最觸動我的是，需要在生活裡時刻提醒自己的最後那幾個字——我是誰，要去哪裡？

　　其實，所有的事，都能歸結到下面這三個亙古不變的問題上：

- 我是誰？
- 從哪裡來？
- 要到哪裡去？

「我是誰」，指的是你要瞭解自己，瞭解自己的特質優勢，瞭解自己的能力邊界；「從哪裡來」這個問題，決定了你的際遇，這與你所處的環境有關係；「要到哪裡去」，則是你給自己設定的方向或者目標。其中，「我是誰」，是這三個問題中的關鍵。

在兩千年前，古希臘人在阿波羅神廟的門柱上刻下了一句箴言——認識你自己，以此作為神諭。認識自己的目的，其實就是去回答「我是誰」這個問題，由此你才能找到自己來到這個世界的意義和價值，並以此拓展出「要到哪裡去」這個問題的答案。

所以，人生的終極目標，就是成為你自己。你只有清楚地認識了自己，然後去做那些「成為你自己」的事情，才能夠真正活出內心渴望的狀態，進而收穫人生的富足和自由。

成為你自己：不靠運氣致富的必經之路

「成為你自己」並不是一句新鮮的話，只不過在這個時代，很多人都在做著「成為其他人」的事情，因為已經習慣了那種隨波逐流的生活。

從小開始，好好學習，考所好大學，找個好工作，努力賺錢，再找一個對的人結婚生子，讓自己的小孩繼續上所好小學、好中學、好大學，找個好工作，繼續努力賺錢。這似乎是

大多數人都認可的一條走向富足生活的道路。這條道路沒有太多對於「我是誰」這樣的問題的思索。相反，它其實是一種大多數人理想化了的人生套路。結果，在上學的時候，你想要成為「別人家的小孩」。在上班的時候，你想要成為主管。到中年時，你又開始羨慕起那些功成名就的企業家、自由人。

如果你真的生搬硬套地往自己身上放，那麼不見得能夠獲得同樣的理想化結果，甚至內心會極不自洽，內耗嚴重。以找個好工作為例，大多數人定義的好工作就是賺錢多，能夠供得起大房子，付得了每年旅遊的費用，還能夠過上美好生活的工作。可是，這樣的好工作是不是真的適合你？你是不是搆得上？就算搆得上，是不是很艱辛？你願意犧牲陪伴家人的時間嗎？這些問題都因人而異。可也正因為每個人的性格、境遇、價值觀都不同，所以，不見得主流的人生套路，對每個人都適用。有太多的人，獲得了大家眼裡的好工作，卻常常鬱鬱寡歡，甚至因為勞累而身體垮掉影響家庭，最終的富足也成為泡影。

你很少有空靜下來問問自己：「我到底想要什麼？我的內心真正渴望的是什麼？」因為你都擠在成為其他人的路上，相互競爭，「內卷」，所以你的內心開始焦慮、迷茫、衝突不斷。

納瓦爾是一名非常成功的矽谷投資人。他是印度裔移民，20多年來一直在美國矽谷創業和投資。他的最著名的投資項目有兩個，一個是推特，另一個是Uber。他在《納瓦爾寶典》

中提到了一個觀點——**一個人只有擁有了獨到知識，才能真正地富足。**

所謂的獨到知識如下：

- 銷售技巧，善於與人交談且能抓住痛點。
- 音樂天賦，有能力演奏任何樂器。
- 癡迷的個性，能潛心研究事物並且迅速記住。
- 玩過許多遊戲，深入理解博弈論。
- ……

獨到知識算是一種古怪的組合，包含了你的獨特的DNA特性、獨特的成長環境及你對這種環境的反應。它幾乎是根植於你的個性和身分之中的。沒有人可以教授你獨到知識，但是你可以發現它，然後刻意練習獨到的技能。所以，你需要思考，什麼事情是你自己並不認為是技能和技巧，但是你周圍的人卻注意到你做得很棒的事情，你可以從中發現你的獨到知識。

以我自己為例。小時候，我喜歡畫畫和寫字，常常獨自一個人坐在房間裡寫寫畫畫幾個小時，有時候臨摹動畫人物，有時候寫上一小段小腦瓜裡的遐想。我做這些事情，不是為了讓別人讚賞和認可，不是為了打動父母和老師，僅僅是為了純粹的快樂。隨著自己漸漸長大，由於種種原因，我停了下來，那些純粹快樂的日子離我越來越遠。

我們都有與小時候愛的事物失去聯繫的趨勢，來自青春期的同伴壓力和成年後的社會壓力使我們失去了熱情。我們被告知，做某件事情的唯一原因是我們能夠得到回報。世界的交易性質不可避免地讓我們窒息、感到迷失並陷入困境。

假如6歲的我問現在的我：「你為什麼不再畫畫，不再寫字了？」如果我的回答是「因為我不擅長」，或者是「因為沒人會看我創作的東西」，又或者是「因為那樣做我賺不到錢」，那麼6歲的我一定會很困惑，因為那時的我從來都不會在乎一篇文章有多少人看，也不會在意銀行裡還剩多少錢，而只是想玩，只是想要午後的那些屬於自己的純粹快樂，那就是人生熱情開始的地方：一種生活的充實感。

當在做那些真正熱愛的事情的時候，你其實就是在「成為你自己」，而當成為你自己的時候，你就擁有了自洽力，可以隨時隨地地接納自己，安置自己。

納瓦爾還說：「在『做自己』這件事情上，沒有人能與你競爭。」「人生的大部分時間都是尋找，尋找那些最需要你的人，尋找那些最需要你的事。」**你所做的事情是「你是誰」的延伸，那麼就沒有人可以與你在這一件事情上競爭。**

《巨人的工具》這本書的作者專門採訪了一個名叫史考特‧亞當斯的人。他是呆伯特系列漫畫的作者。亞當斯經營部落格，畫漫畫，出書，特別高產，而且內容自成體系。他的呆伯特系列漫畫已經被翻譯成25種語言在65個國家的2,000多份

報紙上轉載。在獲得這些成就之前，他混跡於銀行和通信公司，是千千萬萬個打工人中的一員。但是，當選擇成為他自己時，他就願意在工作的業餘時間畫畫和寫作，因為畫畫和寫作是他的獨到知識和技能，始終打著他個人獨特的烙印。雖然他每天早上4點就得起來畫畫，晚上還要更新部落格，而且當時這些給他的物質回報非常少，但是他依然樂此不疲。所以，當跳出了「成為其他人」的困局，找到了「成為自己」的路時，他收穫人生的富足就是順其自然的事情。

這裡並不是說你要拋開現有的工作去追求所謂的興趣愛好，而是說你要發掘自己的獨特優勢，讓你現在做的事情可以發揮你的優勢和特質，這樣才能讓你不僅獲得成就感，還能因為出色的表現獲得足夠的回報，進而過上富足的生活。

活出自我：構建專屬於你的身分系統

大部分目標的達成，往往都需要一個漫長的過程。你在這個過程中一步一步地接近目標，一步一步地構建出你想得到的結果，這是一個持續變化的漸進式歷程，而非一個靜態結果的即時呈現。亞當斯最終的功成名就來自他基於自身獨特的天賦和特質給自己構建了一個專屬於他的身分系統。他畫畫和寫作，不是為了完成一個具體的「目標」，而是為了達成對自己的身分定位。

詹姆斯‧克利爾在《原子習慣》中提到了行為改變的三個層面，分別是身分、過程和結果。人生狀態的改變，往往涉及「Be—Do—Have」的心智模式，這分別對應了詹姆斯‧克利爾所說的身分、過程和結果。

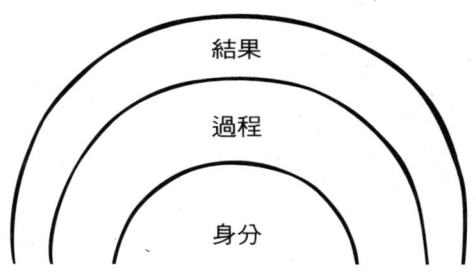

(1) 身分層面——Be yourself（成為你自己）。

最深層面的改變是自己想成為什麼樣的人，過什麼樣的生活，比如改變價值觀，改變自我認知或者處世原則，這一層面的改變往往是你的內在信念的改變。

(2) 過程層面——Do something（做什麼）。

這一層面的改變是自己要做什麼，比如換一種寫作的方式、執行健身計畫、開始學習一門英語課程，這一層面的改變往往是習慣和行動的改變。

(3) 結果層面——Have something（要什麼）。

這一層面的改變是自己想得到什麼結果，比如想減肥，想透過寫作賺錢，想考試成功。這一層面的改變是你看到的結果的改變。

想要成為其他人的人，往往都是想要在結果層面改變，先把注意力放在想得到什麼樣的結果上，然後才去關注要做一些什麼事情，這是一種由外向內的改變，往往很難觸及身分層面的改變，這也是很難真正實現目標和自我價值的根源。

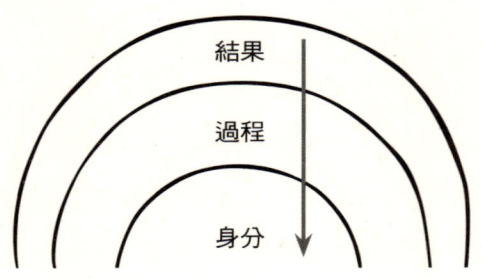

因為身分的背後有著根深蒂固的信念，所以如果你的行動和內在信念是衝突的，你就很難持續做那些可以引發改變的行動。比如，你想有很多錢，但你的內心的潛在的身分定位是一個花錢的人而不是一個賺錢的人，那你更可能繼續想著購物、消費，成為月光族，而不是創造價值，積累財富。

真正能讓你持續做出改變的是，先從身分層面的改變出發，去瞭解自己，找到內在真實的渴求，從而明確自己想成為什麼樣的人，過什麼樣的生活。

這種身分系統的重新構建，其實就是「成為你自己」——經過對自我的認知和思考，你想清楚了自己到底是誰，有什麼樣的特質和優勢，然後藉由這些特質和優勢，可以成為什麼樣

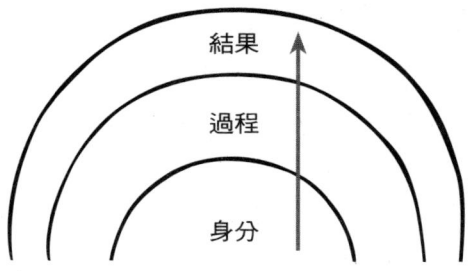

的人。

現實卻相反,太多的人關注怎麼做,如何成功,這些都是過程層面的;但本質上,相信什麼,你究竟是誰,想成為什麼樣的人決定了長期的結果,這些都是身分層面的。**所以,你的問題在於,總是圍著結果和過程這兩個層面打轉,卻從來沒有在身分這個關鍵層面上下功夫。**

基於「Be—Do—Have」的心智模式,在考慮「要什麼」和「怎麼做」之前,你要先知道自己是誰。

- 你的目標不是讀很多書(Have something),而是成為一個愛讀書的人(Be yourself),如此你才會願意在工作之餘安靜地拿起書來讀(Do something)。
- 你的目標不是去跑馬拉松(Have something),而是成為一個愛運動的人(Be yourself),如此你才會給自己制訂一個循序漸進的跑步計畫,積極執行(Do something)。

- 你的目標不是寫很多文章（Have something），而是成為一個作家（Be yourself），如此你才會持續地輸入、思考，不斷地創作（Do something）。

身分系統來自你對自己的認知和瞭解，而從本質上來說，源於你最終想成為你自己。所以，你要先從身分層面著手，挖掘自己內在的天賦、特質和愛好，感悟和體會自己真正的渴求，如此才能構建出成為你自己的身分系統，而不是隨大流地給自己貼標籤，想要成為其他人。

你可以參考以下兩個步驟，透過成為你自己來構建你的個人身分。

1. 確定你想成為哪種類型的人

明確你自己是誰，期望擁有一個什麼樣的身分，其實就是在探索自己獨特的興趣和愛好是什麼。一個人正是在自己獨特的愛好的驅動下，才能夠掌握獨到知識，進而獲得變得富足的機會。你可以找到你想要得到的東西，然後挖掘出什麼樣的人會擁有這些東西。

你熱愛寫作，想擁有一個作家的身分，就可以觀察身邊擁有作家身分的那個人到底擁有什麼樣的特質和能力。你喜歡程式設計，在工作上想成為架構師，就可以觀察身邊擁有架構師身分的那個人，看看他到底有什麼樣的知識、技能。

2. 透過小的成功來證明你能成為那樣的人

你的行動會強化你的身分，而你的身分又會進一步驅動你的行動，身分和行動的關係就是一種相互促進的關係，最終會形成一個正迴圈。比如，你想成為一個作家，所以會持續地寫作，而你一直寫作，也是在強化你的作家身分。所以，去做一些與自己的身分定位相關的事情，門檻不要設置得太高，要讓自己能夠在實現一個個小目標的過程中獲得成就感，驅動自己堅持下去。

只要你的內在定位準了，需求改變了，行動自然也就變了。這樣的行動，因為有了持續的內在剛需驅動，所以才會變得長久。

追尋使命：在成為你自己的同時，兼顧利他主義

當明確地知道自己想要什麼，想成為一個什麼樣的人，並且能夠給自己定位一個身分系統活出自我的時候，你就來到了「成為你自己」的下一個階段——感受使命的召喚。

人的一個高級需求就是自我實現。那些獲得了穩定、安逸的生活，已經非常優秀的人，現在依然努力、依然勇於接受新的挑戰，就是為了實現自我，甚至超越自我。如果只為了眼前的瑣事而工作、學習，那麼沒有多大意思，你要有一個更大、

更遠的願景，找到人生的使命。

那什麼是人生的使命呢？馬克思曾說：「作為確定的人，現實的人，你就有規定，就有使命，就有任務，至於你是否意識到這一點，那都是無所謂的。這個任務是由於你的需要及其與現存世界的聯繫而產生的。」

其實使命就是我想做和我能做，以及他人需求這三者的結合。**換句話說，就是你真正想做的事情，不僅有能力做，還能滿足他人的需求，這就是你的使命**。相較於身分層面，使命是更高一層的精神層面的，其實更有助於你確認自己的身分。在使命這一層，你要思考的問題是，「我能為別人提供什麼？我擅長給別人提供什麼幫助？」

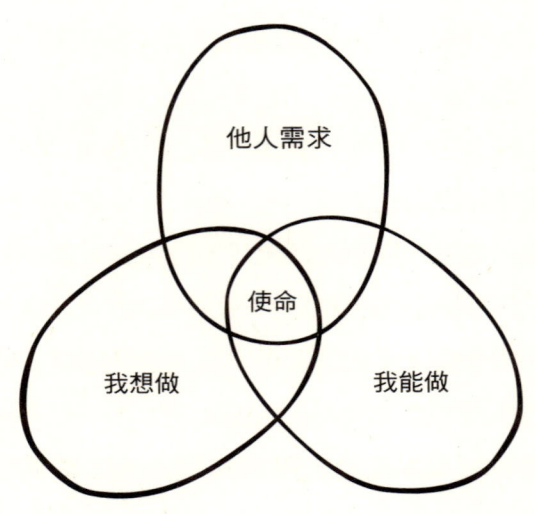

從開始寫公眾號文章以來,我經常會收到一些讀者的回饋,他們告訴我哪些文章給了他們怎樣的思考和幫助。

「再讀你的文章,我感慨萬千,最初讀你的文章是在我上高四的時候。我患有重度強迫症,中度憂鬱症。在看了你的文章後我選擇了自救,那時不斷地問自己怎麼回事,直到問出自己的答案,選擇了就醫。當初的我不在乎別人的看法,不在乎別人說我是神經病,不在乎別人覺得我是個不合群的人。現在的我挺好的,在大學當上了班長,做自己想做的事情,過去的幾年真的好像夢一樣,生活沒有那麼多的華麗,最多的還是平凡,但我的內心依然裝著星辰大海,祝我以後生活得開心,同時也祝你以後開開心心。」

「雨令,還記得我嗎?2021年5月我第一次轉到管理職,在迷茫中給你留言,你鼓勵我向前衝!一年過去了,我活下來了。上週我的部門發生了人事異動,我在情感受到重創的同時也得到了前所未有的機會。我重整出發,為自己的團隊加油打氣,謝謝你。」

這些讀者的回饋極大地觸動了我,因為我發現寫作不僅能夠幫我建立作家的身分,滿足我表達的欲望,而且還能夠給別人的人生帶來積極、正面的影響,這讓寫作這件事情變得更有價值和意義,進而成了我的人生使命。

使命是內在需求和他人需求的結合。如果僅僅是內在需求,你也許就會停留在「小我」的陷阱裡,自娛自樂,從中獲

得的價值感和意義感都極其有限，而當把內在需求和他人需求結合的時候，你就不僅僅滿足自我，而且在擴大自己的影響範圍，這有助於構建更大的意義感和驅動力。

　　成為你自己，就是從「想做什麼」到「能做什麼」。在這個過程中，你成為你自己，這涉及了你的內在需求。使命，則是讓「成為你自己」這件事情與外界發生聯繫，讓他人也從你個人的「成為你自己」這件事情上獲益。**所以，最終所謂的使命，就是「我想做」、「我能做」，以及「他人需求」這三者的結合**。當能夠在成為自己實現自我價值的同時，兼顧他人的需求，秉持利他主義為他人提供價值時，你的人生富足的機率會非常大。因為一個人能為他人提供的價值越大，他本身的價值就越大。

　　當理解了使命的真正含義時，發現使命的方法就非常簡單。一方面，你可以透過自我探索，試錯，找到並接納自己的獨特性，發現自己真正渴望做的事情，建立自己獨特的身分，這就是前面說的探索「我是誰」這個問題。另一方面，你可以試著把這件事情和他人需求聯繫起來，找到其中的耦合點。

　　方法其實很簡單，但是具體如何使用這些方法，卻需要多思考、多實踐，不斷地打磨，突破心智的局限，這就是所謂的知易行難。在非常清楚「想做什麼」並且「能做什麼」的時候，請想一想，你同時還能滿足他人的什麼需求。

人生的終極目標，就是成為你自己。只有成為你自己，你才能真正在一件事情上長久地取得成就。當願意構建屬於你的身分系統，活出自我，並且結合他人需求形成人生使命，感受使命的召喚時，你收穫人生的富足和自由就是一件確定性很高的事情。

　　之所以「成為你自己」是一條人生富足的捷徑，是因為當發自內心地做一件「成為你自己」的事情時，你是自洽的，總是處於巔峰狀態或者說心流體驗。在這樣一種體驗裡，你始終處於專注而愉悅的狀態，進入忘我的境界，會覺得時間過得特別快。驀然回首，很多想要做的事情已然完成。

　　如果你選擇「成為你自己」，那麼需要持續地向內看，持續地自省，持續地試錯，然後不斷地調整自己的認知和價值觀，這是一個瞭解自己，認識自己，重構自己的過程。當你的心智足夠成熟的時候，很多事情你都可以做好、做成，而正因為最終你成為你自己，所以由此塑造的世界才是自由而富足的。

保持情緒穩定，做生活的主人

當面對同一件事情時，有的人深陷情緒的漩渦中，抱怨、憤怒、悲傷，不能自拔，而有的人則淡然處之，雲淡風輕，總能夠保持情緒穩定。

內心自洽的一個很重要的表現，就是能夠保持情緒穩定。那些能夠保持情緒穩定的人，往往都是生活中的明白人。他們不會被突發的情緒所控制。相反，他們會盡力解決該解決的問題，做好該做好的事情，至於情緒，從來都是在不動聲色中被消化於無形。

說實話，我曾經也是糾纏於「爛人」「爛事」，被情緒所牽絆的糊塗人，坐在跌宕起伏的情緒過山車上毫無覺察，最終蹉跎了很多時光而不自知。隨著人生閱歷的豐富和對情緒產生的根源的不斷探索，我越來越認識到保持情緒穩定的重要性，也越來越明白只有不被情緒所控制，才能把時間和精力放在那

些重要的事情上,才能與他人構建和諧的關係。這種不被情緒困擾而展現出來的自洽力,讓我能夠更從容地掌控自己的生活。

情緒化的人,輸在哪裡

幾年前,我受一個組織邀請去做分享,那是我第一次面對大眾演講,所以非常想做好。為了準備得更充分一些,我提前一週準備簡報。可是,計畫很美好,現實很殘酷──我一直拖延到分享的前一天才手忙腳亂地把資料準備好,整個人非常焦慮。

回過頭來看,在這個過程中,我的內心中有很多情緒交織在一起。

第一層:對抗的情緒。
我感覺面對大眾演講這件事情太難了,就像一座高山一樣,我不想爬。

第二層:自卑的情緒。
我覺得自己是性格內向的人,很難把侃侃而談的形象與自己聯繫起來。

第三層:恐懼和害怕的情緒。
我害怕自己做不好,害怕自己表現得太差被人嘲笑。

第四層：羞愧的情緒。

我進一步質疑自己,為什麼做不好?為什麼本來可以早準備,結果還是拖延到最後一天?

在種種情緒的牽絆下,我使不上勁,什麼都做不了。甚至因為我時不時就會表現出不安、焦慮和情緒化,所以連最親近的家人也深受困擾,受到傷害。

在這個過程中,我經常會選擇以下三種方式來處理情緒:

1. 發洩

我很不安,很焦慮,所以想要搞破壞,摔東西,或者文明一點,瘋狂購物,胡吃海喝,還可能給家人臉色,傷害最親近的人。

2. 壓抑

因為不願意傷害別人,或者擔心發洩情緒的後果,所以就壓抑自己的情緒,即使內心已經波濤洶湧,巨浪滔天,也強忍著內心的煎熬。

3. 轉移

轉移自己的注意力,做一些其他的事情來忘卻恐懼、痛苦或者憤怒的情緒,假裝什麼都沒有發生,或者瘋狂地看電視

劇，或者瘋狂地工作。總之，要讓自己被其他事情填滿，不留給情緒發洩的空間。

說實話，這些處理情緒的方式並沒有什麼用。發洩情緒會對他人造成傷害，長期壓抑情緒會出現嚴重的心理問題，甚至抑鬱，轉移情緒雖然可以暫時忘卻煩惱，但情緒卻依然會在毫無防備的情況下悄然爆發。

情緒的力量非常驚人，正面情緒會推動我們做很多了不起的事情，而負面情緒則會阻礙我們做想做的事情，成為想成為的人。一個情緒化的人，不僅沒有辦法專注於做好眼下的事情，而且還很難與他人建立良好的關係。相反，那些真正能夠保持情緒穩定的人，贏在可以氣定神閒，從情緒中抽離出來，從而讓自己的思維和心智處於一種良好的狀態。

《大學》有云：「知止而後有定，定而後能靜，靜而後能安，安而後能慮，慮而後能得。」這句話的意思是，當遇到一件事情，尤其是遇到那種突如其來的事情時，你不要匆忙地應對，而要消除內心的雜念讓情緒穩定。如果你無法讓自己情緒穩定，那麼在處理事情時往往會陷入一種匆忙、焦躁的狀態，這只會漏洞百出。

《大學》裡所說的就是一種「每臨大事有靜氣」的情緒穩態──你先學會「止」，然後才能入「定」，讓自己在淡定的狀態之上進入「靜思安寧」的狀態。只有達到心緒的寧靜狀態，你的思維和心智才不會被情緒所左右，才能擺脫那種不假

思索、低品質的思維狀態。當你的思維品質足夠高的時候，你處理問題才能得心應手，才能最終有所「得」。

情緒到底來自哪裡

情緒，是與生俱來的。當還是嬰兒的時候，你就已經會跟隨情緒展現不一樣的行為了，害怕了會哭，開心了會笑。

事實上，人類在進化的過程中，大腦的發展經歷了以下幾個階段：

第一個階段：爬蟲腦。

這一層大腦在爬行動物時代就已經發展好了，其主要作用是維持人體的基本生存功能，包括控制生命的功能、身體的生長過程，以及新陳代謝，比如呼吸、血液循環等，同時它也會讓你能夠對周圍環境的刺激做出各種本能反應。

第二個階段：情緒腦。

這一層大腦在哺乳動物時代就發展出來了，其主要作用是表達情感，形成記憶。它可以與爬蟲腦相連接，產生各種情緒和生理反應，讓你可以根據外界的回饋獲得不同的感受。

第三個階段：理性腦。

這一層大腦就是學術上提到的大腦新皮層，它能夠透過客觀分析和推理來識別當前真實的狀況，以便進行更複雜的運

作。

這樣的發展經歷讓人類具有以下兩種心理模式：

(1) 情感模式。這是一種先天本能的反應，可以讓我們感知痛苦和快樂，可以讓我們激情澎湃，也可以讓我們消沉低迷。

(2) 理智模式。這是一種後天的反思能力，可以讓我們分析事情的原委，讓我們思維清晰，採取的行動更具邏輯性。

有一個形象的比喻：象和騎象人。**人類的「情感模式」是自由隨性的大象，而「理智模式」則是克己復禮的騎象人。**大象渴望及時行樂，好逸惡勞，陰晴不定，總是願意為了眼前的利益而放棄長遠的好處，就像你明明知道自己胖，卻還是抵擋不住美食的誘惑；騎象人則希望大象能夠超越當下，深謀遠慮，能夠為了實現目標而克制欲望。

可是，情感模式來自經過上萬年進化的爬蟲腦和情緒腦，它的力量比起很晚才發展出來的理智模式強大太多。當你的情緒氾濫的時候，甭管你有多麼高的認知水準、多麼理性的思考，往往都毫無還手之力，很快會被情緒所控制，變得暴躁衝動，恐懼害怕，什麼都做不好。

現在很多旅遊景點都有玻璃棧道。人站在上面往下看，可以看到萬丈深淵，有種懸空的感覺。其實，從理性的角度來

看，人們都知道自己是安全的，這種玻璃棧道的支撐力比一般的鋼板還強，用錘子都砸不斷，但是，本能的恐懼情緒卻往往會讓很多人望而生畏，邁不開步子，明明知道很安全，卻還是被情緒所控制。

自由隨性的大象如果不受控制，就會被情緒牽著鼻子走，憑藉直覺本能地橫衝直撞，忽高忽低，任其擺佈。

引發情緒的東西有很多，但是究其根源，主要有以下兩個：

1. 信念衝突

心理學中有個著名的「ABC模型」。

A是當前發生的事情，B是你對該事情的認知和評價而產生的信念，C則是事情引發的行為結果（情緒）。

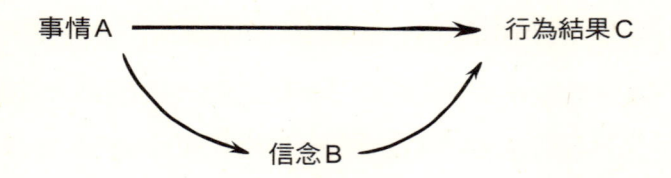

```
事情A ───────────→ 行為結果C
       ↘         ↗
        信念B
```

事情A只是引發行為結果C的間接原因，而真正的原因其實是信念B。

比如，迎面走來一個同事，你跟他打招呼，結果他沒有理你。如果你持有一種「他這個人這麼傲慢」的信念，那麼你的

內心將出現憤怒的情緒，然後你做的決定可能就是永遠都不理他；如果你持有一種「他有什麼心事」的信念，就會願意主動過去關心他，與他聊天。

你常常以為是事情引發了情緒，其實是內心的信念引發了情緒，情緒只是信念的外顯。

2. 能力不足

當能輕鬆地解決眼前的問題時，你會感覺很順利，而且內心洋溢出自信的情緒；如果無法解決當前的問題，你可能就會感到恐懼、煩躁和焦慮。比如，我準備演講，一旦覺得無法勝任這個工作，就會不自覺地出現很多情緒。

你之所以有情緒，一方面是因為它是進化而來的，另一方面是因為你對一件事情有了評判，起了分別心：符合你的信念的就是好的，不符合的就是壞的。事實上，你的信念無法理解這個真實的世界才是問題，你的能力無法解決眼前的問題才是原因。

保持情緒穩定，你該怎麼做

每個人都有情緒，情緒有積極的和消極的，有喜歡的和不喜歡的。**情緒其實是送信人，每一種情緒都攜帶著重要的資訊來與你溝通。**如果你滿懷誠意地收下這個資訊，理解並應對好

它，它就會默默離開。否則，它只會一次次地不請自來，反覆地出現在你的生活裡。

情緒越大，包含的資訊越重要，如果你不理睬它，視而不見，它就會反覆地透過各種生活情景呈現給你。那你該怎麼做呢？

1. 自我覺察

應對情緒的第一步是自我覺察，這是一種「內觀」的功夫。這一步至關重要，只要你做到了，就已經在這場沒有硝煙的戰爭中贏了一半。

所謂內觀，就是要深切地意識到你現在所處的狀態：當生氣的時候，你能夠覺察到自己正在生氣；當憤怒的時候，你能夠覺察到自己正在發怒。這種覺察是不帶有任何主觀評價的，所以一旦你進入內觀，就能夠從當下的情境中抽離出來，開始審視自己的狀態和行為。

要覺察到情緒，就需要鍛鍊內觀的能力——能夠覺察到自己內在感受細微變化的能力。比如，你看到別人做一件事情做得很好，可能會有一些心理上的變化，要麼很欣賞他，從心底裡覺得他很棒，內心感受到的是羨慕、喜悅的情緒，要麼嫉妒他，內心很不自在。這時，如果你有足夠的自我覺察，就能夠及時地感知自己有怎樣的情緒，進而為應對情緒做好準備。

那如何鍛鍊內觀的功夫，擁有敏銳的覺察力呢？在我看

來，最簡單的方法就是冥想。下面是指導你冥想的一些步驟：

第一，創建一個安靜的環境。 找一個安靜、舒適的地方進行冥想。關閉電視、手機等，確保不會被打擾。

第二，坐下來。 盤腿坐在地上或者床上，或者選擇一個舒適的坐姿坐在椅子上，保持身體放鬆但保持警覺。

第三，關注呼吸。 將注意力集中在自己的呼吸上。深吸一口氣，然後緩慢地呼氣。注意呼吸的感覺和節奏，不要刻意改變它，只是觀察它。

第四，觀察身體的感覺。 逐漸放鬆身體，從頭部開始，向下掃視身體的每個部位。注意感受身體的輕重感、溫度、舒適或不舒適的感覺。如果你發現有緊繃或僵硬的部位，那麼試著在呼氣時放鬆它們。

第五，注意思維。 意識到你的思維活動，但不要判斷或陷入其中。當思緒飄移時，將注意力重新放到呼吸或身體的感覺上。你可以把思維比作流水。你是岸邊的旁觀者，只是觀察它流過而不陷入其中。

第六，增加時間和頻率。 開始時，嘗試進行短時間的冥想，例如5到10分鐘。隨著練習的深入，逐漸增加時間，達到15分鐘甚至更長時間。也可以每天進行多次練習，以形成冥想的習慣。

在這個過程中，很容易分心，這很正常，因為你在大部分時候都很難長時間專注，所以如果你發現自己分心了，就重新把注意力放在呼吸上。

當能夠做到自我覺察時，你就會跳出直覺本能，以一個「旁觀者」的角色來審視當下的事情和情緒，這時在你的大腦裡，騎象人可以積極引導大象，進而讓你做出超越本能的自我選擇，獲得掌控人生的內在力量。

2. 樂觀、積極地處理

在覺察到了情緒之後，你要做的不是控制它、壓抑它，而是試著與它共處。因為任何一種情緒被忽視、被壓抑，都將以更慘烈的方式回到你的面前。

根據之前介紹的「ABC模型」，情緒來自我們的信念系統是如何解釋外在世界的。無法保持情緒穩定的人，往往會陷入「負面ABC」的惡性循環，在情緒的跌宕起伏中一事無成。

積極心理學之父、美國心理學家馬丁・塞利格曼在《活出最樂觀的自己》一書中提到了一個處理情緒的「ABCDE訓練法」：

①A：Adversity（逆境），發生了不好的事情。
②B：Belief（信念），第一反應冒出的想法（信念）。
③C：Consequence（結果），想法會引發的情緒和後果。

④D：Disputation（反駁），反駁以上消極的想法（信念）。

⑤E：Energization（激發），激發積極理性的行動。

　　這個方法的關鍵是，在透過「ABC模型」分析了發生的事情，瞭解了自己的想法（信念）及可能造成的後果後，你願意借助「D」和「E」來中斷「負面ABC」循環。在這個過程中，你有意識地檢查自己的想法是否符合事實。

　　比如，在我準備演講的例子中，因為我認為自己做不到，所以內心中各種情緒交織在一起。如果採用「ABCDE訓練法」，我就需要在內心發起一場自己和自己的辯論，規則就是，我要盡力反駁那些負面的想法（信念）。下面以做演講為例來說明如何反駁負面的想法（信念）：

　　(1) 找證據。演講這件事情很難，我的周圍有沒有其他人做過？我以前有過在眾人面前演講的成功經驗嗎？

　　(2) 尋找更多的可能性。我在設計方面不錯，這在演示中應該是加分項；來聽演講的人都是積極成長的人，應該都很友善。

　　(3) 給暗示。即使來聽演講的人很多，我也要相信自己可以不掉鏈子，一直都是很棒的。

　　(4) 做最壞的打算。如果真的演講得很差，那麼也沒什麼大

不了,至少我嘗試過,就當作一次人生的體驗。

「反駁」的作用不是權衡利弊,而是讓自己擺脫質疑、自卑的情緒漩渦,進入「激發」狀態,從而採取更積極的行動。一旦覺察到有了負面的情緒、消極的想法,你就要立刻列出「ABC」,然後從不同的角度反駁,直到能夠激發自己採取積極的行動。

當你的錯誤的信念開始動搖,你的想法開始改變時,你的情緒反應也將變得更加積極、合理,而情緒本身,則會在你覺察,接納了它之後,漸漸消解。這樣,你才不會在低層次的情緒裡起伏不定,才能進階為一個情緒穩定的明白人。

有一部紀錄片叫《徒手攀岩》,主角亞歷克斯・霍諾德是一個極限運動者。徒手攀岩這項運動,除了要有極強的體能,還需要具有極其穩定的情緒狀態。面對恐懼,亞歷克斯・霍諾德說:「身體狀態很重要,但對於攀登者來說,精神狀態也很重要,最大的挑戰是如何控制大腦,因為你不是要控制恐懼,而是要走出恐懼。有些人說要抑制恐懼,我不這麼認為,我透過一遍又一遍地練習動作來擴大自己的舒適區。我一遍又一遍地經歷恐懼,直到不再恐懼。」

對於任何情緒,你需要做的都不是克服它,因為克服就意味著需要對抗。你不需要與自己的情緒對抗,而是要覺察它,接納它,並最終將情緒釋放。被情緒支配是浪費時間的行為,

而要做生活的主人,就要懂得保持情緒穩定,與情緒和諧共處。生活裡的明白人,往往都願意心平氣和地拆開情緒投遞過來的醜陋包裹,然後,發現其中暗藏的禮物。

對於所謂的外界問題,最終的解決之道都是在自己的身上下功夫。你把自己修好了,你的世界就會煥然一新,因為你看它的眼光不一樣了。

自我覺察的層次

一個人想要保持內心自洽，最應該做到的是保持情緒穩定和掌握分寸感，從而讓自己始終從容淡定。要想處於這樣一種從容的狀態，需要的是自我覺察的能力。

事實上，你的大部分思考和行動都處於「自動導航模式」，餓了要吃飯，睏了要睡覺，受委屈了要哭，這種省力、節能的模式讓你的人生變得高效，所以並不是一件壞事。

真正的問題在於，當處於「自動導航模式」的時間太長時，你就忘記了如何開啟「自我覺察模式」。漸漸地，你習慣於日常的衝動和反應，不再控制它們，反而被它們所控制。一個人只有懂得適時開啟「自我覺察模式」，才能夠有意識地發現問題，糾正錯誤，改變慣常的反應模式，進而讓自己發生蛻變。

每個人都有自我覺察的意識，但是自我覺察是分層次的。

自我覺察層次越高的人，越能瞭解自己、看清自己，從而可以擺脫迷茫，變得從容。

自我覺察的第一層：覺察到自己在做什麼

生活中充滿了各種問題：在親密關係裡掙扎、孤獨無助感常常來襲、感到無能為力什麼都做不了、糟糕的工作和財務狀況……

當面對這些問題時，為了避免痛苦，你會習慣於將注意力轉移到其他地方——無止境地滑手機、追劇，借助於電影、遊戲進入一個沒有痛苦的虛擬世界，讓一切看起來輕鬆、愉悅。

分心並沒有錯，每個人在遇到痛苦時都需要某種焦點轉移，以使自己保持理智和快樂，但關鍵是要有能力覺察到自己分心。換句話說，你需要覺察到自己在做什麼，清楚到底這是你主動選擇分散注意力，還是毫無意識地進入了「自動導航模式」。

很多人毫無意識地淹沒在注意力分散的海洋裡。我有時候特別愛看網路熱搜，一旦在工作中遇到難題，或者在寫作時下不了筆，就會不由自主地拿起手機，連上網路，看一看最近發生了什麼「大事」，不知不覺一二十分鐘就過去了。

有研究表明，大多數人每天的實際工作時間大約為3小時，其餘的時間都只是在瞎忙。對此我深信不疑，如果你花一

天時間去觀察自己的生活，就會發現，自己總是不自覺地在做一些瑣事，你的無意識行為多到讓人難以置信的地步。

覺察到自己在做什麼，並不是要停止做正在做的事情，而僅僅是為了增強對無意識行為的認識和控制。如果你的大腦覺察到了疲憊，想要放鬆，那麼你可以毫無負擔地去娛樂，因為你非常清楚自己正在做什麼，以及為什麼要做。

這就是自我覺察的第一層，你可以藉此瞭解自己有什麼樣的思維模式和行為模式。只有當覺察到了自己在做什麼時，你才會進一步思考正在做的事情到底值不值得做，應該如何做得更好，從而跳出「自動導航模式」，讓自己真正去做那些對人生有意義、有價值的事情。

自我覺察的第二層：覺察到自己的感受

當看這篇文章時，你有什麼感受呢？你能清晰地感知到自己的情緒嗎？是快樂、激動，還是憤怒、鬱悶？

大多數人能夠敏銳地感知他人的情緒，卻很難覺察到自己的感受。人們通常會發現，越能覺察到自己當下在做什麼，越會有意識地遮罩干擾和分心，就越容易感知到行為模式之下隱藏的許多情緒和感受。

如果你初次嘗試冥想，就會發現自己像一個瓶子，裡面盛滿了各種各樣從未觸及的念頭。它們在你的大腦裡肆意翻滾，

讓你心緒不寧，專注力渙散。

自我覺察的第二層是你能夠真正開始發現「我是誰」的地方。因為只有你的自我覺察到了這一層，你才會知道在面臨生活困境的時候，你的實際感受是怎樣的，而這些實際感受常常被隱藏於心底很多年。你的感受正是你瞭解自己、找到自己的快捷通道。

在現實中，很多人只活在自我覺察的第一層，浮於生活的表面——他們按照別人的指示做事，對自己所做的事情有感知卻僅止於此。更關鍵的是，他們從來不會深究掩藏於人、事、物背後的情緒和反應，常常迷失在其中。

自我覺察的第二層是讓人極不舒服的地方。一個人通常要在自我覺察的第二層上花費數年的時間，才能接納和消解所有的情緒。這需要堅毅，也需要勇氣。

一旦一個人從習以為常的環境中離開，就會開始意識到從未感知到的情緒。很多人一生都迷失在自己所做的事情和所壓抑的情緒裡，無法覺察到自己的真實感受，更沒有勇氣去接納和釋放自己的情緒，所以終其一生，被情緒所控制，無法打破生活的僵局。

任何一種感受，都蘊含著巨大的能量。 你首先要覺察到它，才能有機會去接受它，轉化它，釋放它，讓它成為你認識自己、瞭解自己的助推器。

自我覺察的第三層：覺察到自己的盲點

你越瞭解自己的情緒和欲望，就越會發現自己不完美。你的大部分的思想、觀念和行為往往都受制於當下的感受。如果你當下很不開心，那根本就不可能有心思做事情，只會像推磨的毛驢一樣在原地打轉。

很多人都喜歡把自己視為獨立的思想家，認為自己會根據事實和證據進行推理，但事實上，大部分時間都在為內心的信念辯護。

之所以會這樣，是因為下面這些原因：

- 你的記憶並不可靠，而且常常是錯誤的，尤其是記住在特定的時間和地點的感覺時。
- 你常常高估自己：一般來說，你做某事的能力越差，越會認為做得好，反之也成立。
- 在矛盾的證據面前，你更傾向於堅持自己所處的立場，而不是質疑自己的想法。
- 你更願意把注意力集中在與你的信念相吻合的事物上。
- 面對問題，很多人都喜歡逃避現實，甚至自欺欺人。

這就是人性中的盲點——你常常戴著有色眼鏡，過濾掉那些和自己信念不符的事實，只看到符合自己想法的世界。

我有個朋友，總是感覺別人不喜歡她。後來透過梳理和分析，我發現她在與別人相處的過程中有以下表現：

- 做出讓別人不喜歡她的行為。比如，經常遲到，明明知道這樣會讓對方不高興還是控制不住。
- 對他人有一些隱含的期待。比如，她發微信消息給朋友，如果沒有即時得到回覆，就會生氣。
- 她會對別人對她的不喜歡，感到受傷和憤怒。

她的遲到、生氣都是對別人暗暗的攻擊，對別人令自己失望的懲罰。沒有人會喜歡一個對自己生悶氣的人，也沒有人喜歡被懲罰，所以別人就會疏遠她，不喜歡她，而這又進一步驗證了她的認知：我是不討人喜歡的人，別人是不會喜歡我的。

對別人有過高的期待→別人令她失望→她感到受傷、生氣或憤怒→對方感受到攻擊→不喜歡她，疏遠她→她驗證了自己不被喜歡的信念→進一步對別人失望……

這一切環環相扣，形成了非常完美的劇本，不斷地在她的生活裡上演。她只有覺察到她的信念裡的盲點和弱點，才有可能打破信念的束縛，進而改寫自己人生的劇本。

在漫長的人生裡，你只有透過覺察到自己的盲點來優化自己看問題和做事情的方式，才能在生活裡慢慢進化成自己想要的樣子。這條路很難走，但卻值得你走下去。

如何提升自我覺察的層次

每個人或多或少都具備自我覺察的能力，但是要想讓自己在日常生活裡變得更加有自我意識，要想透過不斷提升自我覺察的層次來進化成一個從容淡定的智者，那麼可以嘗試做以下這些事情：

1. 練習冥想

冥想是一種鍛鍊自我覺察能力的方法，在實踐過程中，你會專注地、帶有覺知地觀察你的思想、身體和環境正在發生的變化。

你必須專注於此時此刻的想法和感受，然後必須弄清楚這些想法和感受：它們在你的身體的何處出現？是溫暖的，還是寒冷的？是緊繃的，還是放鬆的？是令人興奮的，還是讓人恐懼的？等等。

在〈保持情緒穩定，做生活的主人〉一章中已經提及了如何冥想，這裡想要強調的是，冥想並不是目的，它只是教會你如何更清楚地瞭解自己的想法和感受，而最終的目的是把從冥想中鍛鍊出的自我覺察的技能應用於日常生活中，讓你更加清晰地看到當下發生了什麼，在任何時刻都保持覺知。

2. 記錄生活

寫日記、寫網誌、在筆記本上隨意寫自己的感受，無論你選擇哪種方式，寫作都像另一種激發大腦敏銳性的冥想方式。因為寫作可以迫使你集中精神，並且清楚地內觀自己的想法和感受。

正如美國作家芙蘭納莉・歐康納所說：「我之所以寫，是因為我直到讀了自己的文字，才知道我的真實想法。」你不必像作家那樣追求文字的美感，在紙上整理思想的簡單動作通常足以使你更加清楚自己的想法和感受。

有時候，讀者會在微信公眾號後台給我發訊息尋求建議。我很好奇到底有多少人願意透過文字把自己遇到的問題描述清楚。一個人必須先想清楚自己的問題，然後才能將其整理成文字，進而真正地面對問題，解決問題。

當你有意識地記錄時，你的自我覺察意識就在不斷提高。

3. 獲得他人的真誠回饋

讓你完全信任的人指出你的盲點，是提高自我意識的一種非常有力的方法，但也可能讓你非常痛苦。

不識廬山真面目，只緣身在此山中。別人往往會比你更容易看清楚你自己，尤其是你的親密的朋友和家人，但你要以一種簡單而安全的方式問他們，否則很容易引發爭執和矛盾。

最重要的是在讓別人對你真誠回饋的時候，你要保持一種謙卑和接納的狀態。這種狀態體現在以下兩個方面：

- 信任他會告訴你真相。
- 當他們說出實話的時候，不要感到自己被攻擊了。

每個人都有一些不愉快的經歷，心裡都有「惡魔」，都做過傻事，都曾經傷害過別人。我們都不是完美的人，但人生中更重要的是我們開始透過他人的視角意識到自己的問題和缺陷。如果你還沒有準備好讓某人對這些事情進行判斷，那麼請著重於冥想和寫作。

其實，自我覺察的最終目的是自我接納。 在自我覺察的過程中，你看到了自己的負面情緒，看到了自己的錯誤的思維模式，看到了自己的問題和缺陷。所有的自我覺察都讓你看到了一個不那麼完美，甚至非常糟糕的自己。

如果你因此討厭自己，感覺自己無知、齷齪和醜陋，那麼你的覺醒之路還沒有走完。你需要接納自己，突破自己，只有這樣，自我覺察的付出才不會白白浪費。

柏拉圖說，所有的邪惡都源於無知。那些最邪惡、最卑鄙的人之所以邪惡和卑鄙並不是因為他們有缺陷，而是因為他們拒絕承認自己有缺陷，甚至沒有意識到自己的問題。自我意識使你有機會接納自己，一旦你覺察和意識到了自己某個不好的

行為、某種糟糕的感受,或者某個人性中的盲點,就已經給那些陰暗的角落帶去了光明。這時,你的自我探索之旅才剛剛開始。

自我覺察的過程並不能使每個人都更快樂,可能會讓一些人更加痛苦。但是,在做好自我覺察之後,如果你願意修正錯誤的行為模式,釋放內在情緒,擺脫不合理信念的束縛,就會慢慢地走出人生中的至暗時刻,接納一個全新的自己。

敢於自我覺察的人,都有很多裂痕,但是那些裂痕,正是光照進來的地方。

別太把自己當回事，
要把自己做的事當回事

　　如何做成一件事？這是很多人會問的問題，我也一直在探尋這個問題的答案。

　　要做成一件事，大多數人會認為需要做事的人有眼光，有魄力，有能力，有資源，還要懂得堅持。這些都對，但都沒有觸及這個問題的根本。因為在上面這些解釋中有一種很明確的假設，就是「我」很重要，因為有了「我」，這件事才能做成。

　　很多人會把自己看得很重，太把自己當回事。事實上，要做成一件事，首先因為這件事是一件對的事。**因為這是一件對的事，所以即使不是由你來做，也會由別人來做，而你只是恰**巧在某個時間、某個情境碰到了這個做事的機會，只是做成這

件事的「工具」。

你要想把這件事做成,就不需要把自己當回事,而需要把自己這個工具打磨到極致,讓這件事本身引領你去把它做成。在事成之後,你收穫的財富、成就,只是把這件事當回事的副產品。當不太把自己當回事時,你的心力不會過多地耗費在小我的自我保護、自我防衛上,你反而更能夠恰如其分地專注於該做的事上。

只有不太把自己當回事,才能把要做的事當回事

在很多人的潛意識裡,往往都很容易把周圍發生的一切與自己關聯起來。你遇到的一切都以某種方式牽扯著你——今天堵車了,你會很鬱悶;公司的業績很好,你會很興奮;微博上有爭議,你會很生氣。結果,你執著於固有的偏見,僅僅是因為某件事讓你有某種感覺,僅僅是因為你太在乎某件事,然後就假定發生在身邊的所有事都與你密切相關。

可是事實上,它們與你沒有太大關係,只是你自己的內心戲太多了。你之所以太把自己當回事,不僅是因為你自然地屈從於大腦的想法和情緒,還因為你總喜歡把身邊發生的好事與自己聯繫起來,這會讓你感覺良好,感覺自己是「天選之人」。可是,太把自己當回事的另一面,是你必須將生活中所有不好的人、事、物都解釋為與你有關,而這將給你帶來並不

美好的體驗。

當一切都好起來時，你感覺自己是宇宙的中心，在任何時候都應該受到承認和稱讚；當情況變壞時，你就自認為是受害者，覺得受了委屈，應該得到更好的待遇。結果，你置身於自尊的過山車上，自我價值上下浮動，這樣的你總是很容易被現實的變化所撕扯。

對於太把自己當回事，我很有發言權。當與朋友和同事討論問題時，我總是急於表達自己的觀點，而不願意聆聽別人的想法，以一種高姿態來標榜自己的與眾不同，以至於很多時候沒有解決問題，反倒增添了幾分爭執和不解。當開始寫作，開始畫畫時，我就很自然地把自己太當回事，不斷地享受著很多人的稱讚，以至於有一段時間，對別人的負面回饋和善意提醒難以接受。

現在回過頭來看，太把自己當回事，不過就是一種譁眾取寵、自以為是的可笑之舉。我們總是貪圖在一些表面功夫上的虛幻成就感，卻遺忘了真正的價值從來都不在於外在的裝腔作勢。

這種太把自己當回事的感覺，會讓你變成一個非常情緒化的人，內耗嚴重，極不自洽。做某件事失敗，並不意味著你作為一個人就是失敗的，僅僅意味著你碰巧在做這件事上失敗了。人們批評或拒絕你，往往並不全是你的問題，他們的價值觀、生活狀況讓他們不贊同你，但這些都與你無關。事實上，

其他人根本不會太多地考慮你，你並沒有你想像中那麼重要。

不把自己當回事，並不是放任不自重，而是知輕重，明深淺。 哪些重要、哪些無用，在心裡一清二楚。不把自己當回事的人，不虛張聲勢，不討好他人，不浪費精力，也不受環境影響，是那種「但行好事，莫問前程」的人。所以，你要承認自己只是一個普通人，要認識到這個世界並不是以你為中心的，要學會謙卑地做事。因為只有內心足夠強大、懂得自我安置的人，才能夠低姿態地為人，自由開放地處事，進而贏得別人的尊重和讚賞。

處於把事做好的狀態

一個人要想做好一件事，往往都有一個前提條件，就是先要讓自己進入把事做好的狀態，然後才能真正地把事做好。你可以觀察周圍那些有所成就的人，他們一旦發現有什麼事要做，就可以挽起袖子立馬開幹，而不像很多人那樣磨磨蹭蹭，明日復明日。所以，一個能成事的人，首先要能讓自己處於把事做好的狀態。

那「把事做好」的狀態到底是什麼樣的呢？

國家博物館講解員河森堡說，他在給別人講解時有這樣一種切身體會──如果一週之內他每天都講，連續講兩週，說話就特別利索，在第一句話剛說出口時，第三句話在大腦裡就已

經準備好了，而且他總能在記憶裡搜索到最貼切的詞彙，表達得既流暢又精準。如果他連續兩週不做這種高強度的講解，就會很明顯地感到表達能力差了，說話語無倫次，雖然有的詞彙就在嘴邊，但就是想不起來，有時候比畫半天手勢硬是說不出一句完整的話，急得不行。

前面這種「流暢順遂」的狀態，其實就是「把事做好」的狀態——在這樣的一種狀態裡，你是一個非常敏感的人，總能調動所有感官去專注眼下正在做的事。

「把事做好」的狀態其中一個非常重要的特徵就是心無雜念——你的思維井然有序，所有的念頭只與當下的事相關，相互支持，就像一條充滿能量的河流，徐徐流淌。這種狀態就是活在當下，臨在此時、此地、此事，達到一種「無念無我」的狀態。**一個人在處於這種「無念無我」的良好狀態時，就能夠充分發揮潛能，擁有最佳表現，最終自然而然地把該做好的事做好。**

我過去寫文章，思緒總會被各種執念所打亂——我寫的文章有沒有成為爆款的潛質？能不能讓我在讀者心目中的形象更好？能不能吸引更多的人關注我？我的思考是不是足夠深入，讓別人難以企及？這些都是我的期待，我帶著滿滿的雜念去寫一篇文章，太把自己當回事，結果就是我在下筆時小心翼翼，時間在糾結和焦慮中流逝，原本想說的話被一遍一遍地修飾，最後變得面目全非。

其實，不管是在科研、體育、藝術、工業領域，還是在互聯網領域，如果你仔細觀察，就能發現那些真正讓人驚豔的成就，往往都是在一種良好的「無念無我」狀態的慣性之上達到的。平時這個人並不起眼，你可能根本就沒有注意到他，但其實他一直在努力地做事，一直保持著一種把事做好的狀態，在一件事上下功夫已然成了他的一種生活方式。突然某一天，可能是因為他遇到了某個機遇，也可能是因為他的大腦中靈光乍現，有了一個新的想法，然後他就到達了一個新的層次，在所做的事上有了質的飛躍。這時，你看到了他做成事之後的奪目光彩，卻從未覺察到他一直蟄伏於那種把事做好的狀態裡。

所以，我覺得無論做什麼，都不要急於想要做出成績，應該先想一想，如何做到不把自己當回事，如何讓自己真正處於把事做好的狀態，並且能夠一直穩定地處在那個狀態。因為說不定哪一天，或是好運落在你的頭上，或是靈光一閃，你一下子就突破了原有的圈層，事做成了，成就也就有了。

頓悟、偶然的好運，都可遇不可求，等待是唯一的辦法。當那一瞬間真正來臨時，也只有持久的勤勉所累積而成的那種把事做好的「無念無我」的狀態，才能真正接住它。本質上，把事做好的狀態其實就是在生命中臣服於當下的等待姿勢。在這種狀態中，你沒有太多自我的念頭，沒有太多功利性的目的，只是臨於當下把握機會，把真正重要的事做好。

只有臣服於當下，你才能把事做好

當進入「無念無我」的做事狀態時，你其實就是臣服於當下，把所有專注力投入到正在做的事上。

我曾聽別人說過這樣一段話：「你去找它，你去談論它，你想獲得它，是得不到的。反而，你不去找它，你不去思考如何得到它，你就得『道』了。」

一位老師給我講過這樣一件事。有個人向他請教一個問題：「我的人際關係很簡單、朋友不多怎麼辦？」這位老師看了看他，說：「看來你很在意人際關係，人際關係簡單是問題嗎？你的人際關係越簡單，你就越有時間與自己獨處，而這種獨處的能力往往會讓你把焦點放在自己的身上，而不是投身於那些看起來喧鬧繁雜的人際關係經營上。人其實有三四個好友就已經很難得了，人際關係一定要複雜一些嗎？」

這個人聽過之後，就不再糾結於這個問題，而是把精力放在自己的成長上，溝通能力和工作能力都變得越來越強。因為自身優秀，他自然而然地受到上司和周圍人的重視，很多人反而會主動與他交流，跟他搭建新的人際關係。

他不把自己當回事，臣服於當下的問題，把問題本身「消解」了，解決這個問題才變得如此簡單。

其實，當一個人全心全意地投身於當下，把自己置之度外時，他就很容易進入心理學家所說的心流體驗中。在心流體驗

中,他可以掌控自我的意識,重塑內心的秩序,進入忘我的境界,收穫幸福感和成就感。

在現實中,很多人都無法臣服於當下,要麼在工作時想著休假,要麼在休息時想著賺錢,思緒總是遊走在未來和過去。可是,過去是你此時此刻的回憶,未來是你此時此刻的想像,在你的心中,更重要的是當下,只有當下是你能夠把握的,是你可以調動自己的智慧、技能、身心去付諸踐行的。很多人都有這樣的思維方式——如果過去怎麼樣就好了,如果以後怎麼樣就好了。但他們唯獨沒有專注於此時、此地、此事,無法進入「無念無我」的做事狀態。

臣服於當下,就是要放下內心的執念——面對目標和理想,你要做的不是天天期待著它哪天會實現,執著於應該如何,必須怎樣,而是摒棄內心的執念和期待,讓自己全力投入當下,去做該做的事,然後一步一步地把自己可以做好的事做好,而對於那些自我的功利性和外界你無法控制的事,則放任自流,隨它去。

當把「我執」從心裡移除時,你的大腦反而能夠安靜下來,你會將更多的精力投入當下。在大腦清明之後,那些難得一遇的靈感和思緒反而會自然而然地從你的內心裡流淌出來,變化成你把事做好的利器。

在日常生活中,你可以用「正念」這個工具來做到臣服於當下。在後面的章節中,我會專門介紹如何透過正念來長期專

注地做一件事。最終,你將有覺知、有意識地覺察當下的一切,同時又對當下的一切不做任何判斷、評價,只是單純地讓自己處於「無念無我」的狀態。

「無我」之後,就是「無為」

只有臣服於當下,才能進入「無念無我」的狀態。

很多人對於臣服和放下有一種錯誤的認知,認為那是一種怯懦、認命的表現。事實恰恰相反,臣服於當下需要一個人付出所有力量,讓自己足夠勇敢,坦然地面對這個真實的世界。臣服是一種生命存在的狀態,讓你一直活在當下,不讓個人的偏愛好惡引導生活方向,而是主動允許自己的生活被一個強有力的力量(生活本身)引導。只要臣服於生活,你就可以坦然地面對自己,正視自己的欲望和喜好,不執著於個人的偏見,從而可以在當下的體驗中獲得平靜和自洽。

幾年前,因為一些問題我寫的第一本書遲遲未能出版,我很鬱悶,也很氣憤,內心中不斷地有各種想法冒出來:別人的書早就出版了,我是不是落後於他人?錯過了好的時間節點,這本書會有好的銷量嗎?一而再、再而三地讓讀者失望,他們還會關注我嗎?焦慮和恐懼讓我進入了一種「我執」的狀態。我想要操控這一切,想要一切如我所願。這時,我就沒有臣服於當下,被自己大腦裡的各種念頭牽絆著,無法做出選擇。當

覺察到太把自己當回事，太執著於一個有利於自己的結果時，我決定放下大腦裡的各種評判，調整狀態去與出版公司溝通。

在放下「我執」之後，我就從「無我」進入「無為」。所謂「無為」，並不是不去做任何事，等待著事自己變好。在《臣服實驗》這本書中，作者邁克・A・辛格對「無為」有一種解釋：沒有要做的決定，有的是你和你面前的事的交互。我之所以認為我要去做決定，是因為我有欲望和恐懼。唯一能幫我的是放下、釋懷。**如果我能放下自己的欲望和恐懼，就沒有什麼決定需要做，剩下的只是生活本身。**

所以，在臣服於當下，放下內心的各種執念和評判之後，我找回了內心的平靜。我更願意把出書這件事看作一件對的事，做成它靠的不是我一個人的能力，而是所有認同這本書價值的人共同的信任和努力。所以，我試著去做到「無念無我」，臣服於當下，接受現實，把自己當作做成這件事的工具。這時，我才能真正放下內心的欲望和恐懼，感知他人對這件事的態度，試著與他人重新建立信任，然後一起盡力做成這件事。我相信，「無我」之後的「無為」，是未來做成這件事的深層次的原因之一。

當不再需要吸引任何東西時，你原來需要的人、事、物，反而會需要你。比如，有才華、有能力的導演，不再需要證明自己，不再需要拓展人脈，積累資源，那些電影投資人和資金、劇本等各種資源反而會自然地都湧向他。

不把自己當回事也是一樣的道理,當你不把自己當回事,而把自己要做的事當回事時,別人反而會把你當回事。當不把自己當回事,而把當下該做的事當回事時,你才有機會放下內心的恐懼、焦慮,自洽於此時此刻,真正地把事做成。

生活給什麼都能接得住的人，
才能獲得自由

焦慮可能是一種人生常態

在這個快節奏的時代，焦慮可能是無法避免的。

未來的不可知和過去的不可變，讓很多人都常常處於焦慮擔憂的境地，與內心的寧靜越來越遠，也讓人們很容易進入一個持續焦慮的惡性循環而不自知，想要掙扎，卻越陷越深。

焦慮可能就是人生常態，因為不確定性就是這個世界的本質。你無法預測未來的變化，就像在股票市場上很多人想要預測股票的漲跌起伏，結果追漲殺跌耗費心力。你的焦慮在很多時候來自內心想要追求的虛無縹緲的確定性，你給自己計算了一個確定的期望值，然後就期待這個世界能同時給出與期望值

相契合的回饋，可是一旦事與願違，你的內心就會滋生焦慮、恐懼和擔憂。

哲學家莊子有一個很經典的論述：「事若不成，則必有人道之患；事若成，則必有陰陽之患。若成若不成而後無患者，唯有德者能之。」這就是說，當事情做不成時，會有顯而易見的麻煩擺在你的面前；在事情做成了之後，你又會面對一種更加複雜的新的生活場景，又會遇到新的問題和麻煩。

事情都是依照它們自己的方式發生著，所有重要的事情都無法被你操控。它們超越你的掌控，你頂多只能敞開大門，讓事情發生，但沒辦法迫使它們發生。這其實就是這個世界的自然規律，很多重要的事情的發生都是意外，往往超越了你的預期。

如果你細心地觀察這個世界，就會發現有兩種類型的人。一種是消極的樂觀主義者，另一種是積極的悲觀主義者。

消極的樂觀主義者思考的問題常常是「要是怎麼樣就好了」。他們總是相信只要達到了他們的預期，問題和麻煩就消除了，然後就可以一勞永逸地享受這個世界的美好。**積極的悲觀主義者則認為，在這個世界裡，問題總是層出不窮的，麻煩總是來去不絕的，而生活就是一個升級打怪的過程。**他們不會期待生活都按照既定的軌道運轉，而是積極地面對發生的事情、出現的問題，然後安於當下，做自己能做的事情。

你要像積極的悲觀主義者那樣，隨著變化自發地調整，維

持內心的平穩。當感覺沮喪、很焦慮時，你首先要做的是接受自己現在的狀態，與焦慮共處。工作上有了新的挑戰，沒關係，你先接受這個無法改變的現實，而不是一味地想像著自己無從應對的各種失敗場景。在生活中發生了變故也一樣，你要先認清那些已經發生且不能改變的事實，而不能在內心抗拒這些外在的變化，總想透過控制外界的變化來化解內心的恐懼。

焦慮可能無處不在，就像你不知道疫情何時結束、何時又再起波瀾一樣。既然焦慮很難避免，你就要擁抱這個世界的不確定性，認清人生的重心，及時微調自己的狀態，重新找回內心的動態平衡，這樣才能讓自己每時每刻都更加寧靜和自由。

當真正地做到與焦慮和平共處時，心態上最大的變化就是，不管發生什麼，你都可以看得開、接得住，用平常心去面對。 以前，如果在生活和工作中發生了不符合我的預期的事情，我往往會很憤怒，心緒不寧，心裡的獨白常常是：「為什麼在我的身上會發生這種事？你憑什麼這麼做？好煩啊，為什麼總是不如願？我該怎麼辦？」在這樣的心境下，我要先經歷一次抗拒現實和抱怨現狀的內耗，然後急匆匆不多思考地想要立馬解決當下的問題。這種心理上的急切與現實難題兵戎相見，拉鋸戰持續的時間越久，我就越會深陷其中，無法跳出來看到真正的問題。

有一次，同事安排了一個會議。這個會議的時間與我們團隊的週會時間有衝突。我是一個急性子的人，如果在以前，我

會覺得很不舒服、很不爽,會去質問他,要求他變更那個會議的時間,因為我們團隊的週會是在這之前就安排好的,怎麼能夠不經過我同意隨意插進來呢?我覺得我很有理,所以他必須改。

但是現在我更加淡定,沒有像過去那樣火急火燎地把變化當作災難,而是先明確了自己的想法——不管最後他改不改我都可以接受,但是我很明確我們團隊的會議不會受到他的會議的影響。我接受他的會議安排,不糾結,但是很明確地告訴他,因為會議衝突,所以我們團隊無法參加他的會議,可以看他錄製的會議視頻。當我接受並且願意接住生活給我的任何安排時,總會出現一些讓人意想不到的事情。過了十分鐘,那位同事跑來對我說,他可以把會議改到別的時間開。

這的確是很平常的小事,但是我卻從中發現了生活的秘密——我越從容淡定地接住生活拋給我的問題,就越能獲得對我而言真正好的結果,即使沒有立刻顯現出好結果,至少當下的我也不會因此而受影響。

當面對生活拋給我的問題時,我過去的態度是——我是對的,生活是錯的,要按照我想要的來,不然我就不爽,就不接受!我現在的態度是——我不一定是對的,不用抗拒現實,只需要面對真相,然後從自己的身上找解決方案,任何情況我都可以接受。

當願意接受並接住生活拋給你的任何問題時,你才有可能

看到生活的真相。因為這時的你，不被任何情緒左右，不再戴著固有認知的有色眼鏡看待周圍的世界。

世事並不總會如你所願，但是其中有一部分是你可以改變的，那就是你對現實完全接受的態度。當願意接受發生的任何事情時，你就不會再生出貪、嗔、癡，不會被各種妄念攪得心緒不寧。相反，你的心靈會達到寧靜安穩的境界，內心平靜，思路清晰。也只有內心的寧靜，才能夠讓你臨於當下，做好此刻最該做好的事情，不戀過往，不畏將來。

那些生活給什麼都接得住的人，其實在隨著生活之流順流而下。他們不抗拒，不糾結，反而打開了人生自由的大門。在這個世界中沒有什麼是過不去的，其中的關鍵都在於你，在於你面對這個世界的態度。**你越能接住生活拋出的問題，越能接受所有的可能性，就越有機會獲得平靜和自由。**

應對人生焦慮的實用指南

焦慮這麼多，不如立馬去做

當處於焦慮的狀態時，一個人做得最多的事情，是在大腦裡出現各種讓自己恐懼的劇情。你是不是有過這樣的經歷？當在工作中面對一件有挑戰性的事情時，你不僅不想做，而且大腦裡總是有各種聲音出現：

- 這件事情太難做了，我肯定做不好。
- 如果做不好怎麼辦？會不會被老闆罵？
- 我該怎麼辦？是不是要換份工作了？
- ……

你往往不是想得太少，而是想得太多。你總是不太願意把想像力用在真正重要的地方，反而在真正要去做一件事情時想像力過於豐富，以至於雜念的發揮空間突然就大了許多，各種人設、場景、台詞一一登場，在大腦裡此起彼伏，一個人同時擔任了主角、配角、編劇、導演，內心戲多到可以拍出一部電影。

時間從來不去理會你在想什麼，只會自顧自地流逝、消失。在內心掙扎一番後，你會發現自己什麼事都沒做成，反而平添了幾分焦躁和煩悶。

焦慮已然成了生活的一部分，但是焦慮並非一無是處。焦慮的本質就是內心的恐懼。焦慮是對恐懼的想像，因為是你的臆想，所以你無從逃避。焦慮是一種持續性的恐懼，會一直浮現在你的大腦裡。當無止境地想像自己過去有多糟糕，未來有多絕望時，你當然會越想越怕。

恐懼具有兩面性。一方面，它可能讓你望而卻步；另一方面，它也可能是一種動力，甚至比愉悅的動力更強大。

1908年，心理學家葉克斯和道森透過動物實驗發現，個體

智力活動效率和個體焦慮水平之間存在著一定的函數對應關係，表現為一種「倒U形」曲線。

換言之，當工作難度增加時，個體的焦慮水平會增加，進而帶動個體積極性、主動性及克服困難的意志力增強，此時，智力活動效率增加；當焦慮水平為中等時，能力發揮的智力活動效率最高；當焦慮水平超過了一定的限度時，過強的焦慮會造成個體的心理負擔，進而對能力的發揮產生阻礙作用，使智力活動效率降低。所以，適當的焦慮可以激發你應對外界的主觀能動性。

當對一件事情感到焦慮時，你就要立刻行動起來，給自己一點時間思考如何做，然後不要猶豫，不要拖延，立刻按照思考出的辦法執行。當你真正開始行動時，你的所有注意力都會

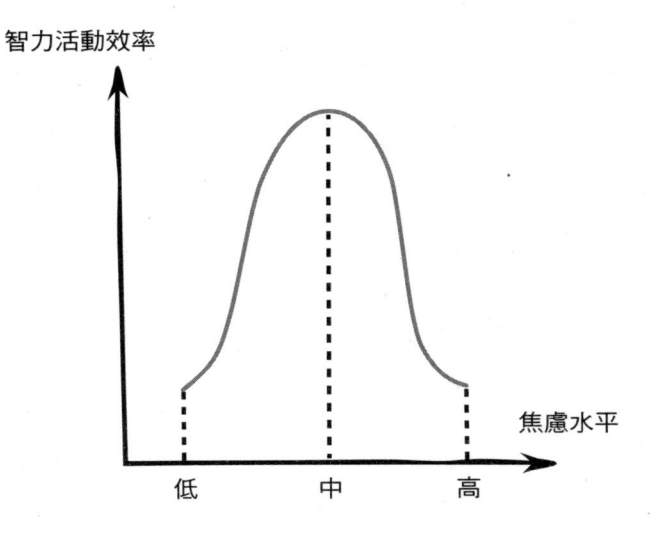

放在行動上，而不是大腦裡想像出來的各種劇情上。這時，行動中的你不會再胡思亂想，內心反而平靜了，焦慮感就會明顯下降。當遇到工作中的難題時，你不要去想自己很笨，而要明確當前真正的問題到底是什麼；當遇到生活中的變化時，你不要擔心接下來自己會變得多慘，而要開始瞭解這個變化背後的原因是什麼，你可以採取什麼樣的行動。

你不妨把生活中無處不在的焦慮當成一種危機感，培養即刻行動的能力。比如，從現在開始，停止胡思亂想，立刻坐到書桌前，打開筆記本，寫下今天要完成的事情，然後一件一件地去完成它們。這種透過實實在在地完成一件件事情所積累起來的成就感，足以對抗你對未來的焦慮和恐懼。想到、看到、學到、說到、做到，是一個很長的鏈條，其中的每一環都可能脫節。所以，你要試著列一張清單，囊括那些每天都需要做的事情，然後日日為之。

沉浸於當下所做的事情中

有一段時間我特別愁開早會，因為在早會上要向老闆彙報團隊的情況，這讓我挺焦慮、挺緊張。

我的焦慮來自擔心自己團隊的產出沒有達到老闆的預期，擔心別的團隊的工作做得比我們的好，擔心自己在早會上表現不好，反正就是內心戲非常多。這樣的焦慮持續了幾週之後，我開始反思，我真的有必要這樣緊張嗎？工作沒做好不正好揭

示了我們團隊的問題嗎？這不正好給了我一個改進的機會嗎？基本上在每次開完會後，我都還好好地活著，老闆也沒有罵過我，我們團隊的工作也沒有受到質疑，我為什麼要一直這麼緊張呢？

漸漸地，我意識到，與其焦慮各種可能出現的狀況，不如投入會議中認真地聆聽其他團隊的工作彙報，瞭解別人在做的事情，並且學習別人的新方法和新技能，自信地表達自己的想法，把團隊的工作闡述清楚，即使被質疑也積極面對，承認自己的不足。

當完全沉浸於當下所做的事情中時，你根本就不會焦慮。因為這時的你處於心流的狀態，會全神貫注於所做的事情上，不會理會內心中那些嘈雜的聲音。那些真正做成過什麼事的人，很少糾結能不能做成，很少擔心會遇到什麼問題。他們其實並不比你聰明多少，也不比你更有經驗，但他們唯一的厲害之處就是，能夠毫不費力地進入心無旁鶩的狀態，然後心安理得地把事做好。

向內看，而不向外求

一個人處理焦慮最直接的方式，就是去外面尋找擺脫焦慮的方法。比如，你在公司工作得不開心，每天要做的事情又多又難，同事總是為難你，讓你整日焦頭爛額。這時，你的第一想法往往是，是不是該換份工作了？這時，你其實希望透過改

變工作環境來消除內心的焦慮,在向外求。

當面對焦慮時,你最應該做的是向內看,因為焦慮的根源是內心對外界的回饋。

生活裡的問題會不停地冒出來,在做一線員工時,你會遇到工作不會做的問題;當升為經理時,你不再會因為工作不會做而焦慮,但是會遇到新的問題,比如管理不到位。說到底,你永遠擺脫不了層出不窮的問題,但是如果你向內看,就能直面內心的焦慮,進而與焦慮和解。

在《覺醒的你》這本書中,作者邁克爾・辛格提出了一個有趣的見解:當一個問題讓你焦慮時,你不要問「該怎麼辦」,而要問「我內心的哪一個部分讓我感受到了焦慮?」因為如果你問「該怎麼辦」,就是在向外求,意味著你已經開始相信外界確實存在一個必須解決的問題。如果你想要在各種問題面前保持平靜的心態,就必須弄清楚為什麼會把某種特定的情況視為一個問題。這時,你在向內看,在打破一種思維習慣,即那種認為解決問題的辦法在於重新安排外部事物的思維習慣。

真正能夠讓你解決問題,放下焦慮的是你從「外部方案意識」到「內部方案意識」的轉變。因為你只有向內看,才會讓內心處於平靜的狀態,才能從當下誇張的焦慮劇情中抽離出來,換一個角度來看這個世界。

當經濟大環境不太好時,很多人擔心自己被裁員,非常焦

慮，想要透過外在表現和討好老闆的方式讓自己感覺好一點，但真正能消除焦慮的是從自身著眼，提升自己的核心競爭力。向內看，你往往可以找到解決根源問題的方法。

人生中焦慮的時刻很多，你無法控制生活的不確定性，但卻能透過下面的人生策略讓內心回歸平靜：

(1) 與其焦慮，不如積極地採取行動。
(2) 讓自己沉浸於當下所做的事情中，獲得心流體驗。
(3) 向內看，反省自身，而不向外求，企圖改變外界。

焦慮是沒有辦法透過逃避而消除的，所以你唯一可以做的就是擁抱它，歡迎它，直面這種恐懼，讓它成為一股人生躍遷的強大的動力。每個人都可以透過不斷地成長，坦然地面對人生的無常，就像颺網者一樣，當合適的海浪打過來時，不是躲避它往後退，而是俯臥在衝浪板上順著海浪的方向划水，而當海浪推動衝浪板滑動時，就可以順勢而為，站在浪尖，乘風破浪。

人生的鬆弛感

最後，我想要談一談人生的鬆弛感。

讓我們一起來看一看這樣一個故事：一家四口去旅行，其

中一個小孩的證件過期了，媽媽和這個小孩沒辦法登機，並且所有的行李都是掛在這個媽媽名下托運的。因為媽媽沒有登機，所以行李都被退回來了，現在只剩下爸爸和另一個小孩坐上了飛機，他們相當於只帶了護照去旅行。面對這樣的狀況，我想大多數人都會生氣、懊惱、崩潰吧，畢竟從小到大，我們都習慣了掌控生活。任何計畫被打亂，沒有按照原本的想像進行，我們都會表現出失望和恐慌。

但是如果這是一個有鬆弛感的家庭，事情的發展就可以是這樣的：面對小孩證件過期的突發情況，這個家庭沒有放大這件事情對行程的影響。他們很從容地應對當下，非常輕鬆地接受這個突如其來的變故，任其發展，好像這一切的發生本應如此，不需要氣憤。爸爸繼續帶著小孩去旅行，然後決定在當地買一些生活必需品，而媽媽則帶著另一個小孩回家，沒有太多糾結。

什麼是人生的鬆弛感呢？**人生的鬆弛感就是面對世界的任何變化和不如意都完全接受的狀態。**人生的鬆弛感，不是擺爛，不是無所謂，而是與世界的變化和解，與自己的執念和解，不浪費心力與它糾纏，瀟灑轉身，繼續輕鬆地迎接人生的下一站。所以，你要轉變思路，來到這個世界是來玩的，不設預期，不過多地計畫，而是隨著變化調整自己，用心體驗生活，不急躁地順著生命之流而下。

以工作為例，工作重要嗎？當然重要，但是更重要的是開

心地工作，所以你不用過度在意別人怎麼看你，不用擔心能不能升職加薪，不用過度思考怎樣才能脫穎而出。你真正要做的是追求那種人生的鬆弛感，讓自己用一個放鬆的心態去工作，不用跟別人比較，不用糾纏於當下的不順，不用計較付出和回報，而是投入當下真正該做的事情中。很神奇的是，在你的心態徹底轉變之後，一切開始變得順利起來，你在工作中遊刃有餘，成就感暴增，跟你對著幹的同事也不常出現在你的面前，連老闆對你也開始讚賞有加，認可度提升。這些都是我的親身體驗。當鬆弛時，你就沒有太多得失心，也沒有太多的焦慮內耗，會把所有的能量都集中在實現最需要實現的價值上。

人生的鬆弛感太難得了，它來自你對自我的認可，對世界的不期待，以及對人生的負責。 其底層邏輯可能就是「隨便你，愛怎樣怎樣，我只要能自洽通透地過好自己的人生就好！」

要想追求人生的鬆弛感，你就需要建立「成長型思維」和「體驗者思維」。「成長型思維」讓你在面對過去的事情時認識到自己的不足，看到自身改進的契機，進而不斷反覆運算和精進自己。「體驗者思維」則讓你在面對未來的生活時，不抱期待，不設預期，抱有更多的好奇和探索欲，讓自己沉浸在那些該做的事情中。

回歸到自身，為了獲得人生的鬆弛感，你需要瞭解自己，探索自己。只有瞭解自己的人，才會真正地接納自己，獲得人

生的鬆弛感。

如果你真正觀察過那些具有鬆弛感的人，就會發現他們很清楚自己要什麼，很清楚什麼對自己最重要。當接納自己真實的樣子時，他們就可以不懼外界的評判而真實地表達自己，所以你總是可以看到他們呈現給你的淡定從容和「愛誰誰」的坦然。如果你對自己人生的定義，不是來自外界的評價，而是來自對自我的瞭解和接納，就不會過度地焦慮、迷茫，不會急於自證，不會操之過急。只有耐得住漫長的時間考驗，才會水到渠成。

人生的鬆弛感，是生活方式和人生態度由內而外的發散。它應該成為人生的底色，讓你從容、淡定地經歷歲月的洗禮，並對所有的體驗都保持開放而隨性的態度。人生漫長，一路上會有高峰，也會有低谷。慢慢地，你會發現，鬆弛感才是人生的最高境界。

思維篇

重塑對生活的認知

在日常生活中
與你的大腦緊密合作

　　在一生中，你需要與各種各樣的人接觸、交往、協作去實現人生的高效能。人脈固然重要，但是人生中最重要的合作關係，其實並不是與他人的協同、交流，而是與自己的大腦和諧運作。這種和諧運作正是自洽力的一種展現，因為你可以利用與自己的大腦的緊密合作來安置好當下的你。

　　有時候你被老師逼著上台發言，大腦裡一片空白，只好硬著頭皮站到台前結結巴巴地說上幾句。這時，你無法與自己的大腦緊密合作。相反，恐懼、羞愧的念頭源源不斷地冒出來，結果邏輯混亂、詞不達意就理所當然了。

　　如果你是一個懂得與自己的大腦緊密合作的人，在上台前就會懂得調整心態，給自己鼓氣，甚至在開始說話之前，就已

經在大腦裡演繹了一遍自己該如何面對這種場面。你將不再戰戰兢兢、不知所措，而是遊刃有餘、從容淡定，並最終打破僵局，把事做好。

那你該如何訓練思維，與自己的大腦緊密合作呢？

曾多次獲選英國最傑出心理治療師的瑪麗莎・彼爾，在一次演講中說：「關於大腦，有四件事是你要知道的。如果落實了這四件事，你就能在所有的領域中都取得成就。」以下就是關於大腦的四件事。

- 大腦會去做它認為你想要它做的事。換句話說，大腦時刻都在滿足你在日常生活裡對它提出的要求。
- 大腦會本能地趨利避害。它願意把你帶向快樂，使你遠離痛苦，這是生命生存的本質。
- 你對所有事物的感覺都來自兩點：一是腦海裡的畫面，二是你對自己說的話。
- 大腦喜歡不停地重複想那些熟悉的事，而不願意去想那些陌生且費力的事。

你可以透過以下四個步驟把這四件事落實到生活實踐中，更好地與自己的大腦合作，進而突破自身局限，獲得更高效的人生。

第一步，明確真正想要的是什麼

大腦是你的心聲的忠實聽眾。

哈佛商學院教授艾米‧卡迪分享了一個她自己的故事。

卡迪從小就是品學兼優的孩子，周圍的人一直誇她很聰明。可是在19歲的時候，一場突如其來的車禍讓她平坦的人生多了一些崎嶇：頭部嚴重受傷，被別人告知智商下降了兩個標準差，不得不從大學休學。「我不再聰明了」這個設定讓她絕望極了。她對此充滿抗拒，再也沒有什麼事比這更讓她感到無力了。

但是卡迪並沒有放棄。她回到學校，用「勤能補拙」的口號安慰和鼓勵自己，並且最終比同齡人多花了4年的時間完成了大學學業。之後，她的恩師推薦她進入普林斯頓大學繼續深造。在這樣一所一流的大學裡，卡迪總是懷疑自己：我不該在這裡，我這種能力、這種智商的人在這種頂尖人才匯集的象牙塔裡，簡直就是欺騙別人。當遇到的困難越多、付出的努力越多，卻越遭受挫敗的時候，卡迪就越懷疑自己，總是帶著消極的想法，這讓她總表現得非常糟糕。

在第一學年公開演講前的那個晚上，她害怕極了，覺得自己的低能和低智商會在演講中暴露無遺，被人發現，所以她給導師打電話說要退學。

導師嚴厲地說：「不可以，我已經把賭注壓在你的身上

了，你必須留下，這是你唯一的選擇。你要拋棄那些負面的想法，要相信自己做得到。我安排給你的每一次演講你都要做，你必須一直講，就算你怕得要死，全身癱軟無力，甚至靈魂出竅，也要講下去。總會有那麼一刻，你會發現，你做到了，它已經成為你的一部分了。」

最後，卡迪聽了導師的話，決定拋棄一直以來自我質疑的想法——我太笨了，我配不上，並開始鼓起勇氣告訴自己——我要變得優秀，我可以做得和別人一樣好。5年後，她從普林斯頓大學畢業，後來成了哈佛大學商學院的教授。

對於卡迪來說，人生逆襲的秘訣就是，明確地告訴大腦自己真正想要的是什麼，而不要因為內心的恐懼放大那些消極的念頭。

在任何時候，大腦都在聽你說話，並且會透過你傳遞給它的想法和言語，策劃出一個個契合你當下想法的人生場景。當對自己說「壓力大到我要窒息了，工作多到快把我逼死了」時，你就是在告訴自己的大腦你不想做這件事，然後大腦就會認為你不願意做這件事。最後的結果就是，你一直在拖延，做事漫不經心，最終半途而廢。

試想一下，你在參加馬拉松比賽開跑的那一剎那心裡想著「好吧，還有42公里，我討厭馬拉松，真是無聊、辛苦又艱難」，那肯定完成不了比賽。你應該這麼想「我愛跑步，我可以完成這場馬拉松比賽」，即使這是當下的違心之說也沒關

係，這就是你和自己的大腦合作的方式。這些心聲會改變你的人生，它們不只是積極的思考，還是你和自己的大腦合作。

所以，你要反思一下自己的行為和想法，如果還沒有得到自己想要的，就說明你還沒有與大腦好好溝通，還沒有明確地告訴大腦真正想要的是什麼。你要用非常具體、明確的話來告訴大腦你想要什麼，並且這些話一定要是肯定語，而非否定語。

在要做一件對你來說很重要的事時，你要說：「我希望做這件事，我享受它，是我選擇了它。」這樣，你的大腦才會自發地去捕捉那些有價值的資訊，主動地調整好你的身心狀態，進而讓你往做好這件事的方向推進。

你和自己的大腦合作的方式聽起來有點傻，但大腦確實是這樣運作的，它總是依照它認為你想要的去做。

第二步，把要做的事和快樂聯繫起來

大腦會本能地趨利避害，願意把你帶向快樂，並使你遠離痛苦。

如果你吃了一些東西覺得不舒服，和痛苦聯繫了起來，這輩子就再也不想吃那些東西了，因為避開痛苦就是你的本能。反之，如果你在做一件事後嚐到了甜頭，和快樂建立了聯繫，就會樂此不疲地去做那件事，甚至上癮。

李笑來老師在《把時間當作朋友》這本書中寫了一件有趣的事。

很多人都把背單詞當作一件特別痛苦的事，往往記住的只是以A開頭的單詞。實際上，正是因為他們把背單詞和痛苦聯繫在了一起，所以對每個單詞的記憶都包含著痛苦，而大腦為了保護自己，最直接的方法就是把這些單詞遺忘，避免痛苦。

所以，在背單詞的時候，或者更一般地說，在做任何一件事的時候，一定要想辦法把這件事和快樂聯繫起來，把它當作一件快樂的事來做。李笑來老師的一個朋友分享了他背單詞的做法：當終於弄明白要拿獎學金就需要很高的美國研究生入學考試成績的時候，他被單詞量嚇了一跳，但用了兩天說服自己，這應該是一件快樂的事。他是這麼算的：一共要記住20,000個單詞，而如果背熟了單詞並且獲得了每年40,000美元的獎學金，那麼每個單詞值2美元，折合人民幣約為15元。想到這些，他終於說服自己：背單詞是非常快樂的。

他每天強迫自己記住200個單詞，在晚上驗收成果。每當記住了一個單詞的時候，他就想像自己又賺了約15元。所以，他每天在睡覺的時候總是心滿意足，因為當天又賺了約3,000元。就這樣，在把背單詞和快樂建立了聯繫之後，他就非常樂意做這件事。

在做任何一件事時，大腦都會捕捉你對這件事的感受和想法，並將這件事與痛苦掛鉤，抑或與快樂關聯。

比如，你曾經逼不得已要在課堂上朗讀，讀錯了一個字，然後大家都笑了起來，你就想：「好吧，這是我最後一次公開說話了，我再也不想做眾人的焦點了。」當然，你隨後就忘了這段經歷，但十年後，當要做一次演講或工作彙報的時候，你就又會恐慌了，因為你的大腦在想：「糟了，在公開場合說話是很痛苦的，你不記得了嗎？」

一旦把做某件事和痛苦聯繫起來，你的大腦就會害怕它，拖延它，迴避它。你要改變這種狀況，必須想辦法把要做的事和快樂而不是痛苦聯繫起來。這樣，你的大腦才會積極地配合你的想法和行動，讓事情做起來毫不費力。

每天都有很多選擇，重要的是，你是選擇痛苦地迴避問題還是選擇快樂地應對生活。

第三步，「觀看」事成的畫面

大腦只對兩種東西有反應：

- 你的大腦裡想像的畫面。
- 你對自己說的話。

與自己對話，在第一步和第二步中已經介紹了非常多，這裡重點關注的是你的大腦裡想像的畫面。

現在，先想像有一個檸檬，然後再想像咬上一口，你會感覺自己的唾液在大量分泌，儘管並沒有真的在吃檸檬。你的身體不在乎你告訴了它什麼，不管是好的還是壞的，是有益的還是無益的，你的大腦總會根據那些畫面做出回應。

著名的運動心理訓練師加里・麥克曾寫過巴西足球運動員貝利的取勝之道。

貝利告訴麥克，他在每場比賽前都會「觀看」一些固定的節目。他會提前一小時來到更衣室，找個僻靜的角落，躺在地上，頭枕著毛巾，蓋好眼睛。貝利解釋了自己是如何開始在內心深處觀看一場講述自己兒時在巴西海灘上踢足球的「電影」的。他讓這場「電影」喚起自己對沙子、照在背上的溫暖陽光及輕撫著太陽穴的微微海風的美好記憶。然後，他又會回憶足球比賽在當時帶給他的興奮和快樂，讓自己沉浸在對足球比賽的熱愛中，重溫那些兒時的美好記憶，讓自己在比賽前感受這一切。

簡而言之，在每場比賽開始之前，貝利都要確保自己始終保持著對足球這項運動的純粹的愛。然後，他會在心中的電影裡繼續前行。他對麥克描述了自己是如何開始並「觀看」自己的回憶的，他回憶起世界大賽中最偉大的時刻。他讓自己一遍又一遍地感受對勝利的強烈渴望，想像自己在比賽中發揮出巔峰水準。

最後，貝利告訴麥克，他能看到自己在即將到來的比賽中

表現出的樣子：他發揮出色，取得了進球，可以輕鬆地帶球越過防守者，這些由強烈的勝利感組成的積極圖像最終構成了他的內心電影。他在比賽尚未發生時想像著一切：觀眾、氛圍、球場、主隊、客隊，他看到自己勢不可擋。他告訴麥克，起作用的不是視覺和影像，而是要讓自己感覺到與成功有關的情感。他說強烈地感受到這種感覺很棒。

經過大約半小時的放鬆和內心預演之後，貝利才開始做比賽前的肌肉拉伸運動。直到那時，他才可以真正放鬆下來，因為他已經做好了贏得勝利的心理準備。因此，他在慢跑進體育場的那一刻，無論是身體上，還是心理上，都已經進行了全副武裝，並使它們得到進一步加強。

貝利透過與自己的大腦緊密合作，在比賽前給思想找了容身之所，然後在腦海裡不斷預演、想像，感受勝利，在心理上為勝利做好準備。

在大腦深處的想像中，你可以不斷地播放和觀看自己內心世界的高光錄影，可以再一次回想起自己對事業的熱愛，感受到要做的事帶給自己的快樂和那份勝利的感覺。**與大腦一起想像，可以讓自己在心理上為即將到來的戰鬥做好準備，贏得心理優勢。**

如果你的大腦裡常常出現的是一些不好的畫面，勾起的是你對過往失敗經歷的回憶，呈現的是對未來的焦慮和擔憂，你就需要及時調整與自己的大腦的合作，必須改變那些畫面，改

變那些消極的自我對話。比如，你要參加一場比賽，內心的聲音是「我緊張，我害怕，我覺得自己做不到」，滿腦子都是自己結巴的畫面。這時，你就要停下來想一想，那些真正自信和優秀的人會這樣想嗎？

如果你想做成一件事，就要用你的大腦去想像如何把這件事做成，勾勒出的細節越多，你的大腦就越容易做出正確的回應，為你在真正的實踐中積蓄力量。

第四步，將要做的事內化成習慣

做陌生的事需要一個人花費更多的能量來學習，所以為了節省能量，大腦更願意去做那些更容易做、更爛熟於心的事。

在不斷重複做一件事直到熟練後，在大腦裡就會漸漸地形成一個穩定的神經迴路模式。這個模式會讓你做這件事非常熟練，甚至不經過大腦也能毫不費力地完成。

比如，你在剛開始學習開車的時候，要有意識地瞭解每一個步驟，包括啟動、打檔、踩油門、打方向盤，而在把這些步驟都瞭解了一遍之後，接下來就需要對每個學習到的步驟進行整合，這個整合過程需要反覆練習，進而達到下意識自發地操作。最終，透過幾個月的反覆練習，你不需要多想就知道什麼時候該打方向盤。

大腦愛做熟悉的事，它的設計就是不停地重複做那些已經

熟悉的事。如果你熟悉的事是拖延、閒逛、做事漫不經心，就很難持續自律地做一件事，也很難在某個領域中取得一些成就。所以，你要試著把這些不好的行為或狀態變成陌生的事，把那些好的行為變成熟悉的事，比如相信自己、與時間為友、持續健身等。最後這個步驟，其實就是和你的大腦一起合作，在實踐中訓練你的思維，將好的狀態和行為內化成習慣。當你將想要做的事內化成了習慣時，你的大腦對要做的事就會非常熟悉，就會願意配合你去做這件事。

古希臘哲學家亞里斯多德說過：「我們每個人都是由自己一再重複的行為所鑄造的。」一再重複的行為，其實就是你的習慣，你的習慣在不斷地構建著你的身分系統，不斷地塑造著你的生活。比如，你偶爾寫一點東西，肯定寫得不怎麼樣，不會覺得自己是一個作家，但如果你每天都花兩三個小時寫作，你的寫作水準肯定會提高，而你會在內心深處認同作家這個身分。你的習慣會為證明你的身分積累證據。如果你想在某個領域中有所成就，就要反覆去做那件對你而言最重要的事，以至於讓大腦毫不費力地與你同步，並最終成就你。

你的潛能是無限的，而激發自己突破局限的潛能則需要按照以下幾個步驟與大腦緊密合作：

(1) 明確真正想要的是什麼。
(2) 把要做的事和快樂聯繫起來。

(3)「觀看」事成的畫面。

(4)將要做的事內化成習慣。

　　你與自己的大腦的合作越默契、越和諧,就越能突破局限,成就自己。你越能夠利用好大腦,就越能夠自洽地面對人生的挑戰。

幸運是一種看待世界的方式

在生活中的某些時刻,我們都曾有過這樣的感覺,別人總是那樣幸運,而自己卻總是把事情搞砸,但這是常見的心智偏見。當看別人的時候,我們關注的總是成功的結果,而不是他們為了實現目標所付出的努力,也不是他們在成功前所經歷的失敗和成長。我們在看自己的時候卻相反,關注和感知的只是邁向目標的艱辛與痛苦,而不是那個可能成功的結果。

「運氣」的概念源於這種感知上的偏見:我們總是認為有些人生來就運氣好,而有些人卻總是接二連三地倒楣。許多事情之間並沒有簡單的因果關係,它們的發生都是隨機性使然。

人在一生中,都會有高峰和低谷,有運氣好的時候,也有運氣差的時候,這往往都是非常隨機的,生命在跟我們玩著擲骰子的遊戲。

幸運的框架效應

我聽朋友講過這樣一件事情。

他在上高中的時候,一個同學在上學的路上發生了車禍,失去了右腿。那時,他心裡非常矛盾,不知道要不要去看這個同學,因為在他看來,面對如此的不幸,他不知道該說什麼來安慰同學。過了很多年,他和幾個老同學一起去了這個同學的家裡。讓他驚訝的是,這個同學並沒有如他所想的那樣沮喪消沉,反而是拄著拐杖,笑盈盈地帶他們觀賞他最近的畫作——廣告設計圖。

這個同學說:「當發生車禍的時候,我以為自己會死掉;在醫院治療的時候,我以為自己一輩子都只能躺在床上了;出院之後,我以為自己沒有辦法再做任何有意義的事情⋯⋯不過現在,我依然好好地活著,還有健康的左腿,而且我的設計師夢想並沒有中止,我依然幸運地擁有整個世界。」

我的朋友選擇了一種不幸的感知方式,他認為發生這樣一場車禍,就等於把一個人給毀了,而出車禍的同學選擇的是一種反證自己幸運的感知方式,結果他的生活不斷地證明著他的選擇正確。

其實,幸運與不幸,不過是你選擇了不同的看待世界、感知生活的方式。 如果一個人認為自己是不幸的人,就會把這種對不幸的感知帶入生活中,透過言行舉止不斷地找到證明自己

不幸的證據。反過來，一個始終認為自己幸運的人，往往會習慣於在工作和生活中挖掘證明自己幸運的事例。

在《成功與運氣》這本書中，作者羅伯特・弗蘭克探討了運氣背後的某種「框架效應」——對幸運的不同感知，其實就是不同的人選擇了不同的認知框架。其實每個人都戴著一副有色眼鏡在看這個世界，過濾掉自己認知框架裡不支持的東西，只留存那些認同的部分。

周圍存在的客觀世界，在你的眼裡並不客觀，反而夾雜著你的想法、觀念和感受，這些背後的信念往往都是主觀的，依賴於你的大腦中的一套認知框架。這就是一種「框架效應」，讓你根據自己的感知偏好，選擇性地接受事實，選擇性地看到框架裡認可的東西。

舉個簡單的例子，如果你最近準備去雲南大理旅遊，就會發現網上到處都是與大理旅遊相關的資訊，周圍的朋友和同事聊的很多話題也與大理有關係。事實上，與大理相關的資訊一直這麼多，只不過你在自己的認知框架裡添加了「大理」這個關鍵字之後，就有了主動感知「大理」的意識，而這種意識會像雷達一樣，自發地尋找有關「大理」的資訊，而忽略其他資訊。

對於同一個事實，幸運或者不幸，取決於你所選擇的那個認知框架。 當你選擇了「自己是幸運的」這樣一種認知框架時，你的意識就自然會去搜尋那些與幸運相關的事實，並且自

動忽略那些讓人沮喪悲觀的不幸。這時的你被一種「幸運的認知框架」裏挾著,你的思維和行動會發生變化,而這些變化又會強化你的認知,讓你在無意識中去做好那些與幸運有關的事情。

記得在2019年,我所在的團隊發生了很大的變故,整個產品線進入維護階段,新的產品線因為缺少市場驗證和支撐,也看不到前景,那時的我雖然在團隊裡走到了一個不錯的位置,但是很清楚繼續留下來只會得過且過,而且整個團隊也有被裁的風險。

我當時很焦慮,但同時相信自己肯定能突破僵局,因為一直以來,我都相信自己是幸運的。後來在我準備面試離開公司的時候,前同事聯繫我,讓我加入他所在的一家美國創業公司,我跟創始人聊了幾次之後就很愉快地離職加入了他們,並且開啟了遠端辦公的工作模式,也開啟了一種邊工作邊旅行的生活方式。

同時,我也相信,即使沒有這樣一個機會,我也可以遇到另一個適合我的機會。回顧過去的生活,我一直認為自己是幸運的,而生活也不斷地向我證明這一點。

科學地說,是否幸運就是一個機率問題。但是,如果你選擇相信自己是幸運的,那麼付出的努力、思考的深度和廣度,比起沒有這種信念的人,就會有很大的不同,而把事情做成的可能性(所謂的機率)就大大高於不相信自己幸運的人。「我

是幸運的」就是一種成長型心態,它自帶的那種積極的認知框架會讓你看到一個更好的世界,重塑你對身邊人、事、物的感知,更有助於事情往對你而言更好的方向發展。

如何主動創造屬於你的好運

儘管你可能不會直接影響在任何時刻進入你的生活的機會,但可以從以下兩個方面間接地影響它:

- 好運出現在你身邊的可能性。
- 你對這些機會持什麼態度和採取什麼行動。

我們將「運氣」定義為並非完全由我們控制的發生在我們身上的好機會和好事情的數量。有研究發現不僅某些人比其他人幸運得多,而且這些幸運的人有很多共同點。幸運的人有特定的認知框架所驅動的行為、品格和心態,這使得他們比其他人擁有更多的機會和優勢。透過對這些行動、品格或者心態進行刻意訓練,他們就可以把自己科學地訓練成一個幸運的人。

英國赫特福德大學的社會心理學教授理查·懷斯曼花了十餘年時間研究幸運與人類行為的關聯。他在著作《幸運因素》裡談到了許多與幸運相關的行為和處理模式。他認為,幸運不是魔法,也不是上帝賜予的禮物。幸運與否,是由人們的思

想和行為指向決定的。他認為機率的因素佔了約10%，其餘約90%的幸運因素均取決於自身。

他還曾說，幸運的人清醒、靈敏，不吝於嘗試，更歡迎機會和新鮮事物的出現。**如果幸運就是在正確的時間和正確的地方做了正確的事情，那麼所謂的正確與否都取決於思想和行為是否在一個「正確」的領域裡。**

根據理查・懷斯曼的研究，運氣好的人往往有以下三個性格特徵：

1. 外向

這種外向，並不是指愛湊熱鬧、愛交朋友，而指的是積極主動地與外界交流，善於捕捉和尋找新的訊息與機會。說白了，就是你需要與這個世界互動，在互動中得到機會。你可以在平時多參加一些新的活動，體驗一些新的事物，即使是內斂的人，也可以嘗試擴大與外界的交流圈。

2. 開放

開放是指當你面對一個與自己當下認知相異的想法時，你的第一反應不是拒絕它、否定它，而是想一想它有什麼地方可能是對的，和自己的認知有什麼衝突。擁有這種性格特徵的人，願意嘗試新東西，甚至願意打破原有的認知框架，獲取新的「洞見」。這樣的人都擁有成長型人格，願意不斷地進步，

接受失敗，勇於探索生活中新的可能性。

3. 平和

因為世界的變化太快，所以平和的人可能越來越少。人們總是對未知和不確定性有本能的恐懼，所以就容易焦慮、緊張。但是在這個日新月異的世界裡，一個人越能夠平和、從容地面對外界，就越容易把一些事情做成，因為平和的人沒有太多的負面情緒和內耗，他們的內心是自洽的，所以做事的時候就容易聚焦，也更輕鬆自在，甚至更容易吸引一些好的人、事、物，相比之下，誰願意與那些恐慌、浮躁的人共事呢？

基於以上幸運的人所具備的性格特徵，你就可以採取以下有助於獲得好運的行動。

多與他人建立聯繫

理查‧懷斯曼發現，預測一個人到底多麼幸運，可以看一看他與周圍的人建立了多少社交和連接點。

幸運的人喜歡與他人建立聯繫，並且很樂於這樣做，這也是前面說的幸運的人往往是外向的，願意與世界互動的人。在新的環境中，不幸的人更傾向於與自己認識的人或喜歡自己的人交談，而幸運的人則會選擇和更多的人交談，即使還不是很熟悉的人。生命中的大多數機會都不會突然降臨在你的身上，往往會透過你與周圍人的偶然連接而來。

我去雲南旅遊的時候訂了一個民宿的房間，加了老闆的微信之後，我們聊了很多，非常投機。他很熱情，也很友好，給我推薦了很多可以去的地方，特別是大理的沙溪古鎮，這是一個很有特色的古鎮。當時，我並沒有計畫去沙溪古鎮，因為它比較偏僻，而且我已經訂好了民宿的房間。

　　沒過幾天，老闆說他有幾個北京的朋友在7月底來大理，想住在他家，問我能不能把我安排在他家旁邊的民宿住幾天。我一想，這不正好嗎？我在這幾天可以去沙溪古鎮，在那邊待兩天，既滿足了老闆的訴求，也給了我去沙溪古鎮的機會，而且老闆退了兩天的住宿費，我正好可以用它支付在沙溪古鎮的住宿費。這不就是好運來嗎？

　　懷斯曼在他的書中寫道：「我發現，在正確的時間處在正確的位置實際上就是在正確的心態中。幸運的人透過與大量的人進行互動來增加他們遇到好機會、好事情的機率。那完全是有道理的：機會是數字遊戲。你可以連接的人員和想法越多，好的見解和機會就越有可能巧妙地結合在一起。」

　　俗話說，比你知道什麼更重要的，是你認識什麼人。

去做一些冒險的事情

　　運氣往往會落在那些願意冒險的人的身上。

　　如果你總是按照單調的固定路徑工作、學習、生活，那麼意外的好運是很難出現的，因為你沒有給它一個乍現的空間。

好運需要一個讓它碰巧出現的空間，而為了塑造這個空間，你需要給平淡的生活帶來一些變化和冒險。

比如，我在日復一日的平淡生活裡，突然決定寫作。這件事情就是我對生活做的一次特別的冒險。我記得那時決定每天早起寫1,000個字，不管寫什麼，都一定要湊夠字數。慢慢地，我發現自己對文字的駕馭能力還不錯，又偶然參加了一個有關寫作的活動，就萌生了運營公眾號的想法。公眾號寫作的嘗試和冒險給我帶來了極大的變化與成長，也帶來了很多意想不到的機會。

開放性和自發性將為你帶來更多潛在的機會，而單調的固定套路將減少意想不到的機會，並減少可能的收益，所以你要勇敢地做一些嘗試。當採取某些新的行動時，你才有機會看到新的可能性。

即使那些積極主動的嘗試和冒險最終沒有在當下給你帶來真正的好運與機會，但是必然給你打開一個全新的視角。這就是前面提及的那個空間。這預示著在不可預知的未來也許存在著你現在無法理解的可能性。

最關鍵的是，你要思想開放，並總是願意主動地創造生活。運氣好的人總是喜歡嘗試新事物，而運氣差的人一天到晚就幹自己的那點工作，甚至還幹不好。

善於在壞事中發現好事

能否遇到好運是機率問題，但是如果你相信你的世界是幸運的，就願意付出努力，成功的可能性就大大高於沒有動過這個念頭的人。好和壞，也就在一念之間。這個世界其實並沒有好壞之分，一切都是相對而言的。很多時候，一件事情的好壞，在不同的人眼裡是截然不同的。

有位學心理學的人說過一個他克服失眠的方法。他說，在每次失眠之後，他根本就不焦慮，反而對自己說：「這下太好了，我又有時間學習了，乾脆在睡不著的時候看看書，增加一點自己的學識。」然後，他就會起身倚靠著床頭，拿起一本書來讀。因為內心放鬆，所以過了一二十分鐘睡意就來了，他很快就能安然入睡。這種在面對問題時積極主動的認知模式，不僅讓他的失眠得到了緩解，而且也讓他有時間閱讀。

所以，你可以有這樣一種心智模式，就是能夠從困境中發現生活的意義，從所謂的壞事中看到好的一面。也許你會覺得，這不就是所謂的正能量嗎？這不就是朋友圈裡氾濫的心靈雞湯嗎？你甚至會覺得這種心智模式是一種「阿Q精神」，自欺欺人。

這是你對這種認知模式的誤解，如果你總喜歡把困境當作阻礙，總把一件事情往壞的方面想，甚至沒有一點把壞事變成好事的能力，那麼你不覺得這樣的生活很悲催嗎？如果老天給

你發了一手好牌，你打得不錯，那沒什麼了不起；如果老天給你發了一手爛牌，結果你沒有怨天尤人，反而打得風生水起，那才真的令人肅然起敬。

成為積極主動的人

在《高效能人士的七個習慣》這本書中，第一個習慣就是積極主動。很多時候，你沒有得到自己想要的，沒有過上自己想要的生活，往往是因為沒有積極主動地爭取。

我記得在剛入職一家公司的時候，我看到有出國交流的機會，就主動向老闆提出想要去，結果下一次這樣的機會就落在了我的頭上，跟老闆一起代表團隊去了加拿大。我的能力是獲得這個機會的一個因素，但我覺得很關鍵的一點是我能夠積極主動地表達我的訴求。

在職場中，很多人都有一種「羞恥感」，想展現自己的成績卻害怕別人說自己愛表現，想主動爭取機會卻擔心別人說自己耍手段，想與老闆多交流卻害怕別人說自己拍馬屁。感到羞恥真的沒有必要。

我從來不覺得積極主動是一件不好的事情，主動爭取機會是理所當然的，只有積極主動的人才值得擁有好運，因為他們為此有所付出。憑什麼好運要降臨在一個什麼都不做的人的身上呢？在職場中，絕對不要像有些人一樣，明明自己不行，還怪別人太主動，即使那些在你看來透過拍馬屁上位的人，也肯

定有過人之處，畢竟能做老闆的人肯定不是「糊塗蟲」。

任何機會都是留給有準備的人的，你不僅要努力上進，把自己的一身本事練好，還要懂得積極主動地抓住機會，提高把事做成的機率。生活中的好運和機會從來不會搭理那些消極被動、自以為是的人，它青睞的一直都是那些積極主動、願意為自己想要的生活努力發光的「金子」。

你可以不去刻意地追求捉摸不定的運氣，但是卻可以重構感知幸運的認知模式，利用這種新的認知模式來看待周圍的人、事、物，從而與周圍的環境構建和諧的關係。

在過去的五六年裡，我需要感謝自己一直都有「我是幸運的」這樣一種認知模式，它讓我身邊的人、事、物總是自帶一種「良質」的屬性，讓我的世界變得更有趣、更美好、更自洽，也讓我有更大的內在自洽力從容地面對未來生活的變化。

你要相信自己是幸運的。運氣好的人之所以運氣好，說白了，就是他總能跳出自己的主觀視角，隨時留意周圍事物的價值，並且以積極主動的心態和行動來面對生活拋出的考驗。如果你總認為自己很不幸，那麼應該做出一些改變了。

尋找人生中的「阻力最小路徑」

在現實生活中，你常常會陷入一種人生無解的怪圈中。比如，你很胖，要求自己每天痛苦地節食，可是總會不經意地在某一天，經過一番猶豫之後，選擇到一家火鍋店大快朵頤，結果回到家一稱，體重又回去了。這時，你又會發誓，下次絕對要管住嘴，堅持一下。所以，你總在「決定減肥─減肥─體重反彈」的怪圈裡反反覆覆。

你會很無奈地發現，自己努力做出改變，卻並沒有得到預期的結果，就像拉磨的驢子，因為被蒙住了眼睛，所以一圈一圈不停地拉磨。牠感覺一直在往前走，不斷進步，不斷成長，但事實上，一直在原地打轉。

你身處努力和放棄的循環往復中，往往不是你的努力出了問題，而是你陷入了一個鎖死性結構的怪圈。

「我做不到」vs.「我想要」

在一個鎖死性結構的怪圈裡,無論你怎麼努力,怎麼掙扎都無法解決問題。

一個人的認知系統是非常複雜的,大腦思考和做決策是有不同的思維層次的。

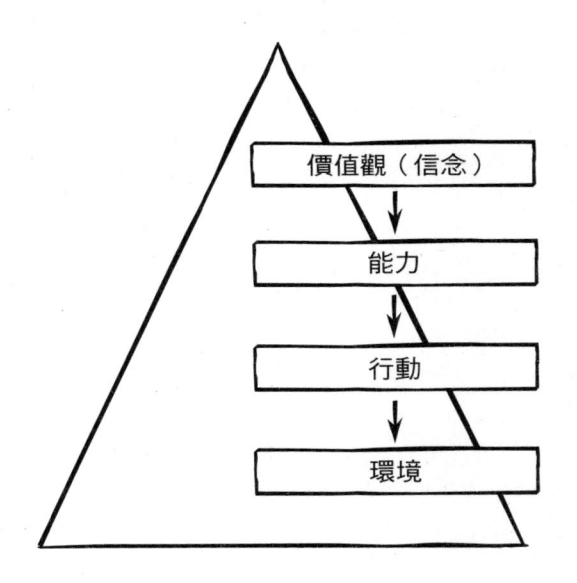

```
        價值觀(信念)
              ↓
            能力
              ↓
            行動
              ↓
            環境
```

1. 價值觀層次

價值觀,其實就是你的內心的一套信念拼圖。它會潛移默化地影響你看待周圍事物和為人處事的方式。你在這個思維層次上的思考往往是:

- 為什麼做（或者不做）這件事情？
- 這件事情是重要的還是不重要的？
- 這件事情原本應該是什麼樣的？

2. 能力層次

　　能力與一個人在現實中能有的選擇相關。每一種選擇都是一種能力，所以選擇越多，能力越大。比如，你的英語聽說讀寫能力都很強，就能夠選擇當英語老師，也能夠選擇做同聲傳譯。

3. 行動層次

　　行動指的是「做什麼」「有沒有做」，是指你如何用自己的能力去做事情。

4. 環境層次

　　在環境層次的思考包括對身體以外的所有條件的感知。比如，人、事、物等。

　　從環境層次來看，很多人從小就被灌輸了「人是環境的產物」這樣一種觀念，從而演化出了兩種心態，即順應環境和反抗環境。

　　這兩種心態都讓你認為環境才是決定性的因素。所以，當被封鎖在環境這個層次時，你就會把一切不滿意的現狀，都歸

咎於內外環境的不許可。比如，有些人工作不開心，就認為公司有錯，生活不順利，就認為大環境差。

環境的無法改變催生了「我做不到」的念頭，所以無論你是順應環境還是反抗環境，都無法滿足內心真正的欲求。

你之所以會陷入循環往復的困境中，是因為你被鎖死在一個雙向都有壓力的結構之中。一方面，你認為無力改變環境，內心中的「我做不到」的念頭讓你心力交瘁；另一方面，你無法消除自己的欲求，在不能正視現實的狀況之下受「我想要」的欲望驅使，徒勞無益地努力一把。在這堵「兩面牆」的夾擊之下，你總是試圖走那條最容易走的路，結果就在「我做不到」和「我想要」之間循環往復。

以減肥為例，當某一天再也無法忍受自己肥胖的身體時，你就會採取行動，閉上嘴，邁開腿，朝著「我想減肥」的目標前進。這時，那條最容易走的路通往「我想要」的方向。你在努力了一段時間，卻依然看到鏡子裡變化不大的自己時，那條最容易走的路就會偏向「我做不到」。你會忽然感覺無能為力，不想行動了。然後，你越靠近「我做不到」這一頭，體重增加的壓力就越大，你就會再次走向「我想要」。

結果，你總是在「我做不到」和「我想要」之間搖擺不定，循環往復，困於當下。

在思維層次中，每一層的思考都會對下面的思維層次產生影響，而更高思維層次上的改變，將會向下傳遞，從而在低思

```
        我做不到
       ⟳      ⟲
        我想要
```

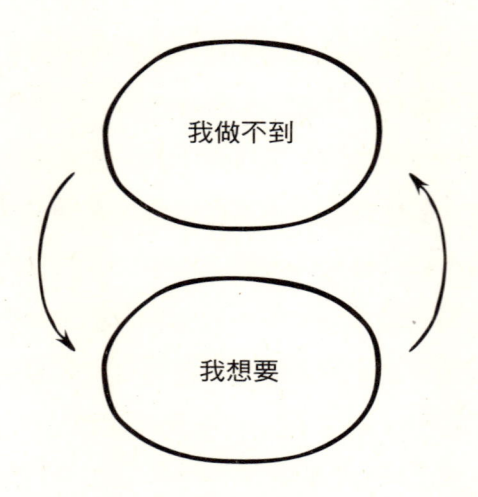

維層次上產生相應的改變。思維層次越低的問題，越容易解決。日常生活中的大多數問題是環境及行動層次的問題。問題在價值觀層次的時候，解決起來就非常困難。

一般來說，一個低思維層次的問題，在高思維層次裡容易找到解決方法，反過來說，對於一個高思維層次的問題，用一個低思維層次的解決辦法，則難以有效。比如，一個生活窘迫的人，在大多數時候都只是從環境和行動層次上思考，認為大環境不好，個人的努力不夠，但這樣的思考並不能真正擺脫貧窮的困境。

如果用思考的思維層次來推演，往往就能找到本質的原因。

首先，從環境層次來看，他的周圍依然有很多人生活富足，而且互聯網讓彼此之間的連接和溝通都更高效，當下環境

從歷史上來看反而是一個更好的致富環境。從行為層次來看，他目前很拮据，愛貪小便宜，只懂得索取，不懂得給予，甚至願意犧牲寶貴的時間來換取金錢上的節約。從能力層次來看，他沒有專精的技能，找不到一份更好的工作，也沒有領導力、親和力，不能與他人很好地合作。對此，他在價值觀層次的信念往往是，財源供給有限，他和別人的關係是你爭我奪的競爭關係，如果他花錢，錢就少了，他必須減少支出才能擁有更多的財富。

　　簡單地推演之後，你就會發現，高思維層次的思考是直接影響低思維層次的思考的。他把這幾個思維層次的思考都理順了之後，再從高思維層次到低思維層次重新思考，就有可能真正地改變現狀。

　　這時，他可以先從價值觀層次來重新定義信念——只要有高價值的能力資源，就可以交換到足夠的金錢。基於這個信念，他就不再把精力放在金錢上，而是放在未來發展的戰略上，提升自己的能力價值，讓自身的高價值來吸引金錢流向自己，在後續的行動上也會變得開放，懂得與他人構建雙贏的關係，願意在自己的身上進行投資，所處的環境也會變得更加有利於他的個人發展，從而讓人生進入一個正循環。

　　只有在更高思維層次上改變，才會從根源上解決問題，產生質的變化。在更高思維層次上改變，就是那條最容易走的路，其實就是作者羅勃・弗利慈在《最小阻力之路》這本書中

提到的「阻力最小路徑」——生命就像河流。不論是人類生存還是自然界的事物變化，都遵循著阻力最小路徑原則。在一個結構裡，能量往往順著阻力最小路徑流過此結構。換言之，能量在溜達時，一定尋找最容易走的路。

我們的大腦的進化是一項高成本的投資，它雖然只佔人體重量的2%左右，卻消耗著人體20%左右的能量。在長期的進化中，我們的大腦一直在尋找「阻力最小路徑」——哪條路徑的阻力更小，就走哪條路徑。所以，與費力的思考相比，人們更願意採用其他更簡單的行動來迴避思考，比如盲目從眾隨大流。

周遭的地形決定了螞蟻行動的路徑，河床的結構決定了河流流動的路徑，生命的底層結構也將決定人生的路徑。**我們的飲食習慣、工作方式、價值觀念，往往也是順著生活裡的「阻力最小路徑」而逐漸成形的。**

你想要改變，卻陷入問題循環往復的人生怪圈裡，這意味著你的生命底層存在著鎖死性結構，這種鎖死性結構導致了行為的搖擺。

重建「阻力最小路徑」，尋找人生出口

受制於環境因素的鎖死性結構讓你陷入了人生困局，那怎麼辦呢？

在《最小阻力之路》這本書中，作者羅羅勃‧弗利慈給出了一個方法——創造性地建立一個新結構。也就是說，你需要創造性地打造一個全新的張力結構，藉此來重建全新的「阻力最小路徑」，在價值觀層次找到人生出口。

你可以採用以下三個步驟來重建「阻力最小路徑」：

1. 明確願景

你需要探索內心的真實想法，找到自己真實的欲求。這其實就是要在價值觀層次上明確「自己是誰」，想成為什麼樣的人，然後在行動層次上思考做些什麼，最後和自己期望的結果越來越近。

《心智突圍》這本書中提到了一個明確願景的方法，就是你可以在不同的人生維度上思考：

- 我期望在人生的這個維度上設置一個什麼樣的長期願景？
- 這個願景最終是如何呈現的？

比如，在「職業發展」這個人生維度上你期望成為一個研發經理。這個願景的最終呈現就是，你有一個團隊，能夠領導團隊進行需求分析，制訂開發計畫，監測開發流程，保證研發品質，並且可以向上彙報研發結果、與客戶緊密溝通等。

2. 認清現狀

很多人無法正視自己的現狀，甚至有時候會像把頭埋進沙子裡的鴕鳥，自欺欺人。認清現狀，其實就是在環境層次上思考自己對當下的掌控。如果你無法誠實地面對自己，就無法進入創造性結構重塑的下一步，因為虛假的自我認知和現狀判斷，只會構建出錯誤的「阻力最小路徑」，讓你得不償失。所以，你要誠實地分析你的現實條件。

如果你想減肥，就需要問自己：現在的體重是多少？現在一日三餐吃什麼？喜歡吃什麼食物？傾向於做哪種運動？等等。如果你想多讀書，就需要問自己：現在每週讀幾本書？每天能安排多長時間讀書？喜歡看哪些方面的書？等等。

3. 構建張力結構，重建「阻力最小路徑」

當明確了願景，認清了現狀時，願景和現狀就構成了一個具有張力的結構。

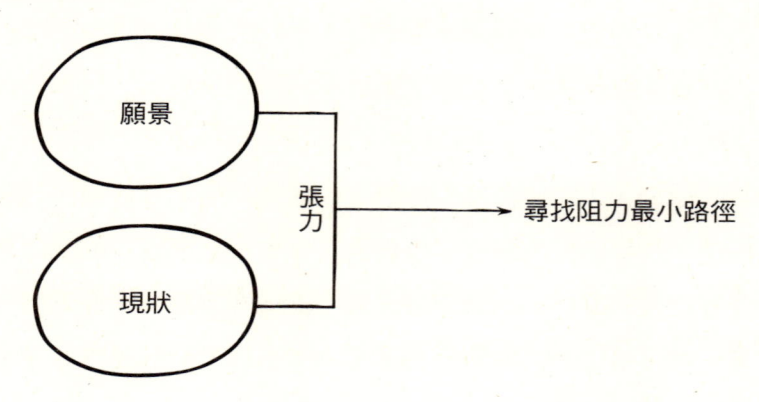

```
   ┌─────┐
   │ 願景 │──┐
   └─────┘  │
            │ 張
            │ 力 ────▶ 尋找阻力最小路徑
   ┌─────┐  │
   │ 現狀 │──┘
   └─────┘
```

願景和現狀之間不是「我做不到」和「我想要」這樣的對立關係，而是願景和現狀之間的落差。

如果你非常誠實地面對自己的欲求，清晰地分析自己的現狀，想明白了真正所想和真正所有，那麼這兩者之間就會形成一股張力，你就能從中構建出一條路徑，讓願景變成現狀。這條阻力最小路徑，是你最終在行動層次上思考的結果。

比如，你想成為有魅力的人，所以要減肥，現狀是你的體重是90公斤卻愛吃不愛運動。透過構建一個張力結構，你就會創造性地找到阻力最小路徑：

- 哪些食物既美味，又熱量低？
- 哪些運動你既喜歡，又有效？
- 哪些減肥的方式你既可以接受，又不會造成負擔？
- ……

尋找「阻力最小路徑」的過程，是一個只屬於你自己的創造性過程，既有趣又新鮮，自帶一種探索和嘗試的快樂。你沒有必要簡單地利用別人的經驗和方法來改變現狀，實現願景，可以根據對自我的認知，根據自己的喜好和優勢，找到改變自己的最佳路徑和最優選擇。如此，你才能夠在改變的過程中樂此不疲，積極應對，不因焦躁而放棄，然後，在日常點滴的改變中不知不覺地實現心之所想。

重建「阻力最小路徑」所要做出的改變才是最不費力，也最可能順勢而為的。人生需要努力，也需要堅持。但比努力和堅持更有效的，是你跳出「我做不到」和「我想要」的對抗性怪圈，在一個「願景」和「現狀」共存的張力結構裡找到屬於自己的「阻力最小路徑」。

懂得做事耐心的人，
才是時間真正的朋友

有一次，我問一個朋友他的人生願景和目標是什麼。他說自己想當知識網紅。

在這個時代，想當網紅已經不是新鮮事了，但是從他的話語中，我感受到他想快速成功、快速致富。把當網紅作為人生訴求的背後，其實是一種欲望——期望在短時間內實現財富暴漲和人生逆襲。一夜暴富的真正問題在於，這個世界的名和利如果來得太快，那麼去得也會很快。這個世界上很少有人願意慢慢變富，更沒有耐心去做長期的積累。

一夜暴富的背後是深坑

什麼樣的人更想一夜暴富？往往是那些在物質生活上更為匱乏的人。

有個故事叫「王戎識李」。有一個叫王戎的小孩，雖然只有七歲，但是他的認知能力卻比同齡人高出一截。有一天，他和一群小夥伴出去玩，突然發現路邊有一棵樹，樹上結滿了李子。小夥伴們一哄而上，手忙腳亂地摘李子，但王戎卻站在那裡跟沒事人似的，非常淡定。有人經過，看到這個情景，就問王戎為什麼不去摘李子。王戎淡然地說：「樹在道旁而多子，此必苦李。」果然，小夥伴們嘗了紛紛吐槽：「太難吃了！」

你永遠不要奢望自己有機會一夜暴富，因為天上不會掉餡餅，掉下來的多半是陷阱。即使有人真的走了狗屎運，突然一夜暴富，那也不見得可以長久富有。典型的例子就是中彩票大獎之後的返貧。我們時不時會看到這樣的新聞，某人深陷貧困後用身上僅有的幾元錢買了彩票，結果中了大獎，一夜暴富，但是沒過幾年，他又回到貧困的狀態，甚至債務纏身，比中彩票大獎前更窮。

想要一夜暴富，反映的是一種「窮人心態」──對當下的資源過度焦慮，對未來的不確定性倍感不安，所以總是以「窮人心態」在生活中不斷地做選擇，並且更容易期望透過某種不切實際的方式實現人生躍遷。

這種窮人心態，讓一個人試圖以最小的成本、最低的風險，瞬間獲得大到難以置信的回報。可現實是，用低成本、低風險贏得高回報永遠是機率極小的事情，想要一夜暴富永遠是渴望脫貧又不願意誠實勞作的人揮之不去的妄念。

這種妄念的背後，正是你揮之不去的焦慮。 那些成功的人不會告訴你：他們為了今天看起來的毫不費力，在成長期付出了多少努力；他們為了走上如今迅速增值的捷徑，在迷茫期走了多少彎路；他們獲得了知識網紅的頭銜，曾在自己的領域裡付出了多少精力。急功近利是有代價的，你有多快達到成功的頂峰，就有多快跌落到失敗的谷底。

耐心才是王道

巴菲特一生中99%的財富，都是在50歲之後獲得的。在50歲之前，他正在慢慢地積累變富的資本和能力。他說過一個財富積累的例子，道瓊指數經過了近100年的歷程，從1900年的65.73點漲到了1999年的11497.12點，漲了約174倍。這不得不讓人讚嘆，不過它的年複合增長率卻只是約5.4%。

事實上，在股票市場上，大多數人都看不上10%的年複合增長率。很多人追求的是每年30%、50%的增長率，甚至翻倍的暴漲，所以他們不願意做這樣簡單的投資，反而去追漲殺跌。巴菲特不一樣，他願意這樣持續數十年投資，所以最後變

得非常富有。

其實,在大多數時候,有些人很厲害,過得比別人好,不是因為他們多牛,而是因為他們的對手太差了。在這個世界上,很少有人願意慢慢變富,很多人都不能踏踏實實、耐心地做點事。

最讓我佩服的幾類人之一,就是能夠耐心地做一件外人看來簡單的事,並且最後往往都能做出一些成績的人。

這種面對人生的耐心,其實是一種更稀缺的能力,可以讓你更自洽地面對人生中的困難。

1. 耐心是堅毅品格的體現

心理學家安吉拉·李·達科沃斯透過大量的研究和調查,發現了決定一個人能否成功的最重要的因素:不是人們認為的智商、人脈、天賦,而是堅毅(Grit)。堅毅才是最可靠的預示成功的指標。向著長期的目標,堅持自己的激情,即便經歷失敗,也能夠堅持不懈地努力,這種品質就叫堅毅。

我曾經看過一個有趣的新聞,攤煎餅的大媽和顧客發生爭執,回懟了顧客一句:「我月入3萬元,怎麼會少給你一個雞蛋!」大媽幾十年如一日就幹一件事:賣煎餅。雖然她風裡來雨裡去,非常辛苦,但是收入卻比一些看上去「高大上」的白領多得多。這也許算不上大成就,但試問有幾個名校畢業的學生能夠靠自己的本事在一二線城市買幾套房?這就是耐心堅持

的堅毅力量，你應該學一學。

你不要把時間浪費在一夜暴富或者極速成功的妄念上，在做白日夢和自怨自艾的時候，別人已經在踏踏實實地積累實力了。

2. 耐心是一種更好的生存策略

在動物研究中，有一種生存理論認為，動物會在生育和生存之間達到平衡。比如，有的動物會採取「快生存、慢繁殖」策略，先投入大量時間和精力生存，站住腳後再繁殖後代，比如大象，一直長到10歲左右才性成熟，這是因為大象足夠強大，對牠而言環境足夠安全，牠不用急著繁衍。有的動物則採取「快繁殖、慢生存」策略，適應多變環境的方式是盡可能快地把基因傳遞下去，不會花很多精力在自身的生存上，比如馬達加斯加島有一種刺蝟，出生40天就能生育後代，一窩能生32胎，靠繁衍更多的後代來抵抗環境的多變和危險。

這種理論也能用到人類社會中，一個沒有耐心想要快速成功的人，往往焦慮感會更高，可能長期生活在危險、動盪、不可預測的環境中，更容易像出生不久就拚命繁殖的刺蝟，期望盡可能快地抓住一切可能的機會來應對未來生活的不確定性。所以，他們更容易急功近利，更容易在獲得名利之後大肆揮霍，最後的結果反而很慘。

相反，一個人從小生活在安全、穩定、可預期的環境中，

在生活中就會節制很多,因為他們能預測到未來會發生什麼,所以更願意做長期投資。對於他們來說,一步一個腳印才是正確的生活對策。為什麼很多藝術家、哲學家出身於貴族家庭?因為穩定的環境讓他們不被生存所迫,在藝術、學術上穩紮穩打,取得了驚人的成就。

在家庭教育裡,我覺得耐心的理念值得以身作則地展示給小孩。你不僅自己要願意在更長的時間維度上奮鬥,而且要給小孩提供一個更安全、更穩定、更可預期的慢慢變富的環境。

很多人都是間歇性躊躇滿志、持續性混吃等死,偶爾打一下雞血,三分鐘熱度之後就開始放棄,每天都想著未來的征程是星辰大海,但卻總是倒在離出發只有100米的地方。**人生總是有選擇的,慢一點、耐心一點,也許成長更快,而後來看到的那種快,只是前面慢慢打磨出來的一個結果。**

等待 vs. 耐心等待

時間是人生的放大器。如果你耐心地在自己的專業領域裡深耕,就會成為就業市場中的「搶手貨」;如果你耐心地跟著有價值的企業一起成長,就會在價值投資的路上獲得豐厚的回報;如果你耐心地發展自己的興趣愛好,就會在未來實現自我的價值。

那些真正願意與時間做朋友的人,都具有耐心這個如今非

常稀缺的品質。許多人將耐心誤認為是等待某事的能力。**事實並非如此，耐心不是簡單地等待一個獎勵，而是你對等待的態度。**

比如，如果我在等待一個半小時前訂購的披薩，那麼可以透過以下兩種方式等待：

- 耐心地等——認真地看看書，寫寫字，只是在披薩到貨之前，獨自享受閒暇的時光。
- 不耐煩地等——在房間裡走來走去，不斷地打電話催促餐廳，內心焦躁不安，情緒無處安放。

顯然，「耐心地等」這個方式優於另一個，對我來說更好，對送餐大哥來說也更好。可現實是，我們在生活中變得越來越急躁，越來越沒耐心。

在心理學研究中有一個實驗設備叫「斯金納盒子」。

斯金納盒子的工作方式是這樣的：將小白鼠放在裝有槓桿和餵食碗的盒子中。小白鼠在盒子周圍嗅著，最終會偶然地推動槓桿，然後含糖的小點心會掉到碗中。小白鼠很快就會發現「推動槓桿＝獲得美味的點心」，所以一遍又一遍地推動槓桿獲得點心。斯金納盒子展示了一些動物行為的基本原理：如果感覺良好，動物就會一次又一次地重複同樣的行為，最終會依賴於那種令人愉悅的事物。

今天，生活中充滿了斯金納盒子。你的手機是斯金納盒子，你的電視是斯金納盒子，美團、滴滴也是斯金納盒子。現代社會已經變成了一個稍微複雜的斯金納盒子。你推動「槓桿」，就有海量的資訊、娛樂和便利供你選擇。以便利的名義，市場給了你一個不再需要耐心等待的世界，無論你想要什麼，都應儘快實現。

當事情進展不順利時，你就不會那麼耐心，反而更煩躁。因為你不再適應等待這件事情，所以對於等待，你的態度是厭惡的、拒絕的。比如，滴滴司機在週一早上走錯了路，美團外賣騎手延遲了10分鐘才送到，網購商家沒有及時發貨，甚至網頁載入時間超過3秒，都將推動你內心中焦躁的「槓桿」。

對於等待，只有你的態度是耐心，才會讓自己平靜下來，不依附於周邊匆忙便利的世界。**耐心是一種人生態度，願意等待更長的時間，敢於延遲滿足，著眼於長期的結果，而不是短期的回報。** 只有有耐心，你才能從容地對抗人生裡的焦慮。

這個世界的大多數人總是希望快速提升自己，從而產生了一種心理上的自滿激進情緒，認為一切美好的事物都應該輕鬆獲得。相反，只有少數人願意耐心地做那些令人不舒服甚至不悅的事情。他們很清楚地知道，真正有價值的回報，都需要一個人耐心地等待。

願意耐心地等待長期獎勵的人越少，長期獎勵就變得越好。有的人願意耐心地與家人相處，所以收穫了和諧的關係；

有的人願意耐心地解決工作上的難題，所以收穫了職位的升遷；有的人願意耐心地自我成長，所以收穫了財富和精神上的自由。正因為這個世界上真正能夠抱持耐心態度的人越來越少，所以一個人為人處事越耐心，就越容易脫穎而出，越容易成為這個世界的贏家。

如何更有耐心

1. 學會獨處

你要鍛鍊與自己的思想平靜共處的能力。這可以讓你得到意想不到卻顯而易見的好處。除了減輕壓力和焦慮，生活中的靜止時刻可以增加創造力，使你更富有生產力，還可以幫助你豐富內心的情感。

法國哲學家布萊斯・巴斯卡曾說過：「人類的所有問題都源於人類無法獨自安靜地坐在一個房間裡。」

保持靜止的秘訣是，願意消磨時間以保持靜止。對於我來說，保持靜止最好的時間是早上或睡覺前。你可以嘗試一下在沒有手機和電視機的地方待上10到15分鐘，只有你和你的想法，也許還可以有一本書。你也可以在下午安排步行15分鐘，可以收到同樣的效果。

周國平老師曾說：「怎麼判斷一個人究竟有沒有『自我』

呢？我可以提出一個檢驗的方法，就是看他能不能獨處。當你自己一個人待著時，你是感到百無聊賴、難以忍受呢，還是感到寧靜、充實和滿足？」

真正的獨處，是你能夠在一大段空閒的時間裡，自洽地與自己相處。你不需要借助外界的刺激來娛樂自己，不需要無休止地用事務和交際麻痺自己，更願意讓自己安靜下來，聆聽內在的聲音，思考一些更深層次的東西。

對於擁有獨立自我的個體來說，獨處是人生中的美好體驗，雖然有些寂寞，但是這種寂寞中又會有一種充實。只有在獨處的時候，你才可以完全成為你自己，不再去迎合別人，遷就別人，不受外界干擾，真切地感受到對生活的掌控感。獨處所帶來的內心能量，會讓你在面對這個世界的時候，變得更耐心、更堅定，也更自洽。

2. 重塑對時間的感知

現在的生活節奏太快了，你不自覺地被世界推著往前走。你需要放慢自己的腳步，慢下來的既不是做事的效率，也不是時間，而是對時間的感知。

當一件事情在時間的流逝中慢慢完成時，你的焦點在哪裡？你是否能夠感知時間的流逝呢？只有當慢下來去做一件事情的時候，你才有機會沉浸其中，感受自己怎樣一分一秒地專注其中，怎樣一步一步地把這件事情完成。

有的人堅持馬拉松式的慢跑訓練。在跑步的過程中，他會感知自己的節奏、心跳，還有那些紛至沓來的念頭。隨著時間一分一秒地流過，他能夠感受到完成之後的那點成就感，感受到跑步的意義。他會漸漸明白，時間是如何流逝的，耐心是如何在時間的流逝中積累起來的，在時間裡一步一步地堅持是如何賦予他一點一滴的成就感的。

這種持續的成就感，會去除你內心的焦躁不安，提升自我認可度，形成一個積極的人生模式，而這種模式是一個螺旋向上的正向循環，做事效率會越來越高。

你在追求快節奏的時候，常常心浮氣躁，其實這是對時間的怠慢，結果往往不會太好。如果你沒有對時間的正確感知，就很難有堅持下去的耐心，而完成一件事情，往往最需要的就是一個人的耐心。所以，在很多時候，你需要慢下來，重塑對時間的正確體驗，這樣才能有足夠的耐心，高效地把人生的一件件事情做好。

耐心的力量一定會透過複利效應展現出來。比如，你買進一支具有成長性的股票，在剛開始的時候，甚至接下來很長的一段時間裡，都看不到有什麼大變化。這時，你最應該做的就是耐心地等待。因為一旦積累足夠多，收益的增長曲線就會突破拐點，突然揚起，後面的增長只會越來越快，回報也越來越多。

大多數人只會看到增長曲線後面的猛漲，但卻從來沒有注

```
         ↑
         │                          ╱
         │                         ╱
         │                        ╱
         │                    拐點╱
         │                  ┌────●
         │              ╱   ┊
         │          ╱       ┊
         │──────            ┊         →
                            ┊        時間
```

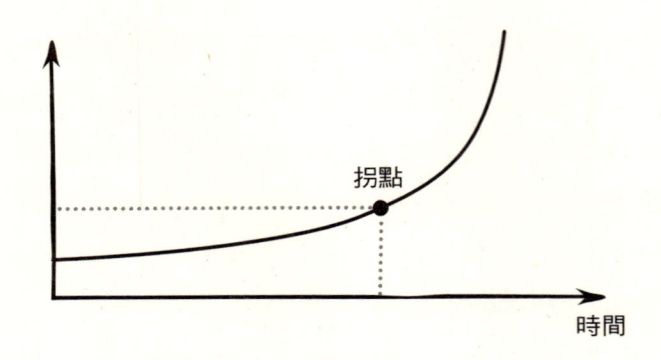

意到在拐點到來之前，有著漫長而近乎直線的平坦，所以很少有人願意耐心、篤定地度過那些看起來毫無起色的黯淡時光。

　　沒有耐心的人，更容易選擇「終點式思維」。他們希望快一點完事，快一點看到結果，然後就能去他們臆想出來的那個世界。沒有耐心的人不願意積累，不會把每件事都當作自己的事來做。他們能想到的只是短期的效益。沒有耐心的人，甚至都不願意真正地思考和反省自己的生活，他們說得最多的一句話就是「想這麼多不煩嗎？」

　　當面對人生的態度裡多了一份耐心時，你就更容易利用好時間的真正價值，在日復一日的平凡生活裡積蓄能量，並最終實現自己的願望，獲得豐厚的回報。在人生這場比賽裡，最後的贏家不是跑得最快的人，而是跑得最久的人。

比情商更重要的是一個人的時間商

很多時候，人生的不自洽來自時間給你的壓力。快考試了，卻沒有複習完；快畢業了，卻沒有找到工作；快到而立之年了，事業卻沒有起色。這些時候的不自洽，夾雜著恐慌和懊悔，自己早幹麼去了？

假設人平均活80年。你在睡覺上花28年，這幾乎佔了你生命的1/3，但與此同時有 30%的人卻為睡不好覺而掙扎著。你在工作上花10.5年，有超過50%的人想要離開眼前的工作崗位。時間比金錢更有價值。你能賺更多的錢，卻不能獲得更多的時間。你在看電視和社交媒體上花9年，在家務瑣事上花6年，在吃吃喝喝上花4年，在教育上花3.5年，在梳妝打扮上花2.5年，在購物上花2.5年，在養育孩子上花1.5年，在通勤上花1.3年。只剩下10年左右的時間可以花在你真正想做的事情上。

時間的奇妙之處，就在於它無形、無價，一旦逝去，就不再回來。大家都在努力優化智商，積極地提高情商，所以在30歲之前，我一度認為智商和情商最終決定了人生的高度。但過了30歲，我才真切地感受到，其實大部分人的智商相差無幾，情商也不相上下，而真正決定人生高度的其實是如何對待時間、如何利用時間。

你選擇怎樣利用時間，時間就會選擇怎樣塑造你。

時間商：
對待時間的態度和利用時間創造價值的能力

2003年，學者斯蒂文·赫爾提出了一個概念——時間商。所謂時間商，就是你對待時間的態度，以及利用時間創造價值的能力。

做任何事情都有成本和收益。比如，你在下班回家之後，在晚上8點到10點這段時間相對自由，可以選擇做很多事情：健身、寫作、學習、刷微博、看電視劇、玩遊戲等。**一個時間商高的人，對時間持有謹慎的態度，善於做出最優選擇，總會主動地把時間用在做最重要的事情上。**

班傑明·富蘭克林10歲離開正規的學校教育成為父親的學徒，靠印刷起家，30歲左右成了美國費城地區最成功的印刷業商人，起草且簽署過美國《獨立宣言》，頭像被印在百元

美鈔上，被外界賦予了政治家、教育家、作家、外交家、成功商人等諸多標籤，堪稱全才。

究竟是什麼成就了他如此「開掛」的人生呢？答案肯定不是「智商線上」「情商感人」，因為在這個世界上，雙商不高但很成功的例子比比皆是。

真相是，富蘭克林很早就建立了自己的價值標準，主動掌控時間，成為時間的主人，而不是被時間支配，「時間商」是他成就自己的核心能力。

最能體現他的時間商高的是他運用於人生的「五小時法則」——每個工作日學習一小時，一週學習五小時。這個法則貫穿於他的整個成人期，他所做的事情如下：

- 早起閱讀和寫作。
- 制訂美德清單並追蹤結果。
- 驗證自己的創意和想法。
- 組建讀書俱樂部。
- 在清晨和夜晚進行自省。

富蘭克林每天都利用那一小時的時間來培養閱讀、反思和行動的習慣。從短期來看，他和其他人並沒有太大的區別，但從長期來看，這是他對時間做得最好的投資。反觀很多人，一旦有點閒置時間，就急著刷微博，刷抖音，怎麼開心怎麼做，

所以沒有獲得別人那樣的成就理所當然。

富蘭克林的五小時法則，體現的是一個人的時間商高——經過時間的沉澱，那些看起來最聰明和最成功的人，都是持續和刻意利用時間來思考與學習的終身成長者。時間商是一種底層思維，而時間商高的人在內心建立了一套看待時間和利用時間的價值體系，將時間視為朋友，從而能夠在有限的人生裡，分清楚事情的輕重緩急，投入到那些有價值的習慣裡，最終掌握自己的命運，實現人生自洽。

「時間商」是你的自洽力的核心之一，決定著你在有限的人生裡能夠做好什麼，做成什麼。如果你想成為一個時間商高的人，就需要在以下三類時間上下功夫：

- 複時間。
- 暗時間。
- 心流時間。

你在這三類時間裡投入得越多，就越能夠構建自己的核心競爭力，並最終成就自己。村上春樹曾說：「憑時間贏來的東西，時間肯定會為之作證。」

複時間:投入到具有複利效應的事情上的時間

華倫‧巴菲特認為自己有所成就的關鍵在於,每週閱讀500頁書;比爾‧蓋茲說他每週都會讀完一本書,在整個職業生涯中,每年都會專門抽出兩週假期用於閱讀;領英的前首席執行長傑夫‧韋納每天都會給自己安排兩小時的思考時間;拉里‧佩奇會花時間與谷歌的每個員工都進行深入交談,從門衛到技術專家,總是處於開放的學習狀態中。

這些傑出的成功人物,肯定很忙,但總願意把時間投入到那些從長遠來看能回報以更多知識、創新和力量的活動上。也許在剛開始,他們每天取得的成果很少、很小,但是把時間尺度拉長了看,最終都會獲得巨大的成就。

我把這些投入到具有複利效應的事情上的時間稱為複時間。 這就像複利的利滾利,隨著時間的推移,一個小小的習慣會帶來巨大的回報。

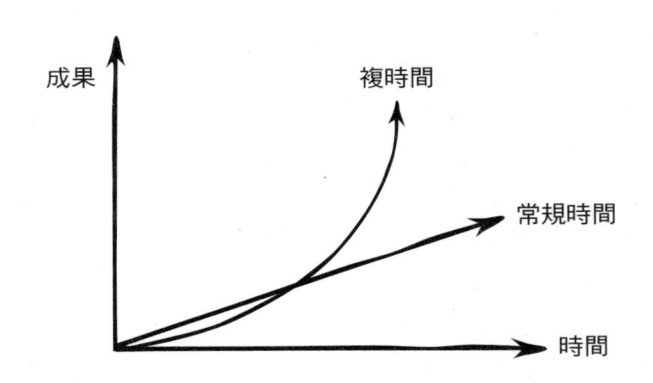

富蘭克林的每天一小時，就是運用複時間的例子，而我投入到寫作上的時間，其實也是典型的複時間。在剛開始時，我只是簡單地分享自己的思考，完全「自嗨式」寫作，不迎合讀者，不受限於別人，閱讀的人不多，點讚數很少。隨著時間的流逝，到現在為止，我在公眾號上寫作已經堅持了五六年的時間，讀者數和閱讀量有了質的飛躍，而我個人的思考能力和表達能力也上了一個新台階。

所以，在有限的人生裡，你要謹慎地看待時間，將時間運用在那些能夠給你複利回報的事情上。在生活中，下面這些行動是自帶「複時間」屬性的。

1. 閱讀

當人們問特斯拉創始人埃隆・馬斯克如何建造火箭時，他的回答是閱讀。

閱讀是最公平的，不論你處於什麼年齡、什麼圈層，都可以輕而易舉地透過閱讀獲得想要得到的知識。各領域的傑出人才都熱衷於使用這種高回報、低投入的學習方式，比如前面提到的華倫・巴菲特、比爾・蓋茲等。

當把時間投入到閱讀上時，你不僅可以增加知識，還能夠從中獲得新的見解和感悟，從而改變看問題、做事情的方式，並最終改變命運。

2. 反思

反思是改變自我很重要的一個環節。它是指每隔一段時間就回顧一下過去的得失、錯過的機會、做錯的決定、成功的經驗，以及思考未來如何借鑑。橋水基金創始人瑞‧達利歐在發現公司運營或策略上的根本錯誤時，將問題記錄在員工公共系統中，然後找時間與主管們一起反思去尋找解決方式。

有的人只是多想了一些，就輕易地拉開了與別人的距離。俗話說，吃一塹，長一智。事實上，在吃一塹之後，如果不反思，就不會長一智。不善於反思的人，吃十塹也不長一智，而善於反思的人，看見別人吃了一塹，自己就能長一智。反思，不是人類與生俱來的能力，但卻是後天可以刻意訓練的。**如果你將時間持續地投入到反思中，就會獲得更好的認知，採取更有效的行動，從而讓自己始終處於不斷成長的過程中。**

你要做的其實很簡單，每天在睡覺前拿一個本子把當天發生的重要事情都寫下來，然後想一想哪些事情做好了，其中的哪些思維習慣和行為方式值得堅持，哪些事情做得不好，問題出在哪裡，可以如何改進。基於這樣的反思，你可以把自己的思考記錄下來，第二天可以對照著看一看自己是否有改進。反思這件事情看起來很瑣碎，但是帶來的進步是非常可觀的。

3. 實踐

傑夫・貝佐斯透過長期的實踐，才最終建立了整個公司，亞馬遜公司的成功從來都不是簡單地來自他的突發奇想。

不管你讀了多少書，複盤了多少案例，都不可避免地會犯錯誤。但即使會失敗，你也依然要勇於實踐、試錯，而不是停留在空想裡。因為你只有持續地將時間投入到實踐中，才能真正地提升認知，獲得實實在在的成就。

如果你還是感到氣餒，那麼請想一想愛迪生。他做了無數次糟糕的實驗才發明了鹼性蓄電池，做了無數次實驗才改進了燈泡。直到去世，他擁有一千多項美國專利。

所以，你可以問問自己，準備做什麼樣的實踐？報名參加舞蹈課？加入讀書俱樂部？獲得另一個學位？鑽研一種新的程式設計技術？不管是什麼，生活都是一個實驗場。你做得越多，就會過得越好。

在焦慮忙碌的時候，你需要反其道而行之，懂得慢下來，認真思考時間應該花在哪裡。將時間投入到閱讀、反思和實踐中，你將會在「複時間」的加持下，獲得比原本期待的多得多的回報。

暗時間：看似無用，實為大用

每個人手裡的鐘錶盤的指標走得都一樣快，但每個人的生命卻不是。衡量一個人生活了多少年，應該用思維時間。

有的人每天都會拿起書來看，但領悟卻不見得多，因為在看書的這段時間裡，他只是簡單地記住了書中的東西，沒有涉及推理，而只有思考推理才能深入理解一個事物，穿透表面看到本質，這樣的思考推理所用的時間才是你的思維時間。劉未鵬在《暗時間》這本書中提出了「暗時間」的概念——走路、坐車、排隊、跑步、吃飯……花費的所有時間都可以被稱為「暗時間」。它是「看不見的，容易被忽略的時間」，是「沒有產生直接成果的時間」。

面對這些「暗時間」，如果你總是能夠慎重地對待它們，把你想做的事情和問題塞給它們，就能夠把你的思維時間用到極致。

劉未鵬在書中寫道：「這段時間看起來微不足道，但日積月累將會產生巨大的效應。能夠充分利用暗時間的人將無形中多出一大塊生命，你也許會發現這樣的人似乎玩得不比你少、看得不比你多，但不知怎麼的就是比你走得更遠。」

其實，利用「暗時間」對當下關心的事情和問題進行思考，採用的是大腦裡的「發散思維」。

「發散思維」是一種全域思維。與在大塊時間裡的「集中

思維」相比，它能夠讓外部資訊在大腦的各個區域中亂竄，所以新的想法隨時都可能冒出來。這時，大腦會重新回憶過往的經歷，在過去和未來之間暢想，然後把不同的想法連接起來，這正是創造力的來源。很多科學家在打盹和散步的時候腦海裡依然思考著科學問題，很多時候答案就在這些時刻忽然閃現。

有時，我也會糾結於工作中遇到的難題，冥思苦想了半天依然不得要領。這時，大腦時常會被這個問題縈繞著。我會不自覺地在吃飯的時候想一想，在上廁所的時候想一想，甚至在睡覺的時候問題也會突然冒出來。解決辦法往往會出現在「暗時間」的某個瞬間，讓我倍感驚喜和興奮。

其實，利用「暗時間」可以做很多事情：在上班的路上，你可以想一想今天的工作安排；在健身的時候，你可以聽一聽哲學課；在散步的時候，你可以暢想一下未來的規劃等。

在一個碎片化的時代，要想找出大塊的時間越來越難，「暗時間」卻到處都是。如果能夠學會合理地利用「暗時間」，很多問題就可以迎刃而解，很多靈感也會不期而遇。這些看似無用的「暗時間」，實為大用。善於利用暗時間的人，在無形中比別人多出很多時間，從而能比別人「多活」很多年。

心流時間：臨在當下，才能創造價值

有人問，一個人如何才能有足夠的耐心，一步一步地成長呢？答案就在「懂得做事耐心的人，才是時間真正的朋友」一節中「重塑對時間的感知」部分。

現代的快捷生活，讓你在大部分事情的體驗上，都能夠得到快速的回饋。你用手指觸及手機螢幕，手機就會立馬給你想要的消息；你只要在美團下單，外賣很快就能送到你家；你只要打開視頻通話，對面就能夠出現你想見到的人。世界開始以一種急切的方式來塑造你對時間的感知。可是，對於現實來說，這種對時間的感知卻並不真實。

沒有一棵樹能夠突然拔地而起，也沒有一個調皮搗蛋的小孩能夠忽然間成長為意氣風發的少年，沒有哪件事情能隨著你的想法即刻「生根發芽」。**所有的成長都需要你沉浸在時間的長河裡，而讓你沉浸於事情本身的時間被稱為「心流時間」。**

在前面的文章中，我其實已經提及了心流的概念。它是心理學家米哈里・契克森米哈伊提出來的——在心流體驗中，你可以掌控自我的意識，重塑內心的秩序，全心全意地做一件事情，甚至進入忘我的境界。

著名漫畫家蔡志忠先生這樣描述他畫畫時的狀態，「如果你全神貫注、聚精會神地做一件事情，一定會找到這樣的感覺——宇宙和你在一起，時間就像水一樣慢慢流過你的身體。

你只能聽到筆在紙上發出的唰唰的聲音,甚至連心跳都聽不見。你覺得時間空間好像都不存在,你覺得沒有一筆是多餘的,每一個動作都是完整的。」蔡志忠先生所描述的這種狀態,就是一種心流體驗。

他之所以能獲得心流體驗,是因為將自己放進「心流時間」裡,沉浸於畫畫這件事情本身。如果你沉浸在「心流時間」裡,就能將注意力放在當下,那些想法和思緒會自然地從你的內心流淌出來,推動著你把正在做的事情做到極致,甚至創造奇蹟。

在「心流時間」裡,你就能臨在當下,讓心靈處於清澈、純粹的狀態,這時就會突然冒出不知來自何處的「智慧語言」,讓你借助所做的事情給人生賦予意義和創造價值。人人都是創造者,而其中的關鍵就是你能夠利用好「心流時間」進入臨在當下的狀態。

比如,陽光照在一張白紙上,並不會有什麼變化,但是如果你用凸透鏡把陽光聚焦於白紙的一個點上,那過不了太長時間,白紙就會燃燒起來。**所以,要想利用好「心流時間」,就要懂得全神貫注地聚焦自己的注意力,時刻保持專注。**

要想在日常生活中提高專注力,進入「心流時間」裡,就可以採用以下建議:

1. 選擇一個錨定任務

我在工作上的一個重大改進,是採用巴菲特的專注策略,為每個工作日都分配一個(只有一個)錨定任務。

儘管我一天裡有很多工作,但是我把當天必須完成的最重要的任務稱為錨定任務。錨定任務是我一天都保持不變的主體,而選擇這樣一個任務的意義在於,它強迫我圍繞它來組織工作和生活,從而它會自然而然地指導我的行為。

2. 管理你的精力,而不是時間

如果一項任務需要你全神貫注,你就可以把它安排在一天中最有精力的時段來做,以便有足夠的專注力聚焦其中。

比如,我注意到自己的創造力在上午是最高的,在這個時間段裡,我可以有更好的想法,可以寫出邏輯性更強的文字,可以做出更好的思考和選擇。所以,我會把創意工作安排在上午,而其他任務都在下午處理。因此,我會把一些思考性強的工作(比如寫作、制訂計畫、寫程式)安排在上午,而把回覆電子郵件、視訊會議等放到下午來處理。

任何一種提高效能的策略都無法管理時間,因為如果你沒有精力完成要做的事情,那麼給你再多的時間也於事無補。

3. 藏起你的手機

手機是專注的天敵，這是我在生活和工作中深刻意識到的一點。當身邊沒有手機的時候，你就不會收到簡訊、電話，也無法查看微信、微博，這會讓你更容易專注於當下，提高自己的效率。

4. 為任務開始做好準備

在開始做事之前，把該準備的東西都準備齊全，避免因為臨時中斷而干擾專注的過程。

每當開始工作的時候，我都會把桌子整理一下，然後將需要用的資料、文件準備好，同時，也會把電腦裡與工作無關的視窗關閉，關閉提醒模式，甚至打開全屏模式，讓自己看不到時間及其他應用程式。當盡可能地減少了干擾時，分散注意力的衝動就會消失。

只要你是一個用心生活，善於探索的人，就可以找到更多適合你的專注方法。**但無論你使用哪種策略，要做的都是致力於一次做一件事。一開始，你甚至不必成功，僅僅只需要開始。**

人的一生如白駒過隙。在你的內心往往有兩種聲音。一種聲音敦促你積極努力，不斷地充實自己，激勵你成長。另一種聲音規勸你追求舒適，讓你懶惰自棄，不思進取，限制你人生

的可能性。每天晚上睡去清晨醒來,這兩種聲音都在腦海裡相互廝殺。誰會贏呢?是那個你的內心更願意聽到的聲音,還是你一直追隨的那個聲音?

怎樣看待時間、如何運用時間,是一個人在人生中很重要的選擇。一個時間商高的人,總會在「複時間」、「暗時間」和「心流時間」上下笨功夫,不被既定的智商和情商所束縛,實現人生的自洽。

內心自洽的五大思維模式

人在一生中會遇到各種各樣的困擾，有時候是原生家庭的困境，有時候是事業追求的迷茫，有時候是對外界認可的執著。稻盛和夫對人生和事業的成功總結了三個關鍵因素，分別是思維模式、熱情和能力，其中思維模式是一個人成敗的決定性因素。

每個人都以他的理解和經歷構建自己的思維模式，然後再用這個思維模式去理解世界。因為思維模式不同，所以對於同一件事情，不同的人做，結果會截然不同。在面對不樂觀的當下和不可知的未來時，你該抱持什麼樣的思維模式，才能經受住嚴峻的考驗，化危為機，從容自洽地在這個世界中佔據一席之地呢？

思維模式一：
真正的大定，是接受世界的不確定性

我有時候會問別人：「你相信什麼？」在問了一圈之後，我發現，大部分人都沒有特別堅信的事情。

這個世界上的很多事情都不是那麼確定的，所以你就難以堅信它們會一直不變。比如，對於「相信每個人都會死」這個信念，絕大部分人都不怎麼反對，但現在已經開始有越來越多的人相信未來的科技可以在某種程度上延長人的壽命，甚至讓人永生。

其實你唯一能相信的就是世界充滿了不確定性。

在古希臘人的世界觀裡，他們支持的是亞里斯多德的「地心說」——這個世界是由土、水、火、氣和乙太組成的，所有的行星都圍繞地球轉動，包括太陽，而物體的運動需要借助外力。之後，在17世紀，因為觀測到的天文現象越來越多，越來越準確，亞里斯多德的世界觀崩塌了，被更先進、更具現實意義的「牛頓世界觀」所取代——行星都圍繞著太陽做非勻速橢圓形運動（包括地球），地球是有萬有引力的，而一個物體在無外力的情況下，可以保持勻速直線運動。然而，「相對論」和「量子理論」的出現，又徹底顛覆了牛頓世界觀——它們告訴我們所有物質的底層本質都是能量，都具有一根能量弦

線,而引力是空間扭曲的結果。

這個世界上的很多東西都是未知的、不確定的。我們對這個世界的認知其實一直都在變化。科學家說,宇宙有大概90%的東西是暗物質,只有大概10%的東西是我們能夠感知到、看得見的,我們處於一個未知遠大於已知的世界中。流行全球的新冠病毒提醒了我們這一點——不可控、不確定、不可知隨時成為現實。

今天你認為很穩定的工作,也許不久就會被人工智慧所取代,火熱的ChatGPT已經可以寫出比一般人寫得更優秀的文章;你認為美國股市不會發生熔斷,結果2020年已經發生了3次,連巴菲特都驚嘆不已;你認為石油是稀缺資源,物以稀為貴,結果油價竟然跌到了負數,導致有些交易者不僅遭受損失,還倒欠銀行幾百萬元。

這個世界的不確定性,總會給你帶來諸多意外。房價不一定永遠會漲、股票不一定永遠值得持有,當下和未來總會有很多不確定的因素。你之所以對變化恐懼,是因為你總是希望找到一些簡單而且固定的規則,以此來獲得安全感,可是這在世界不確定性的本質面前,只能是緣木求魚。

如果你接受了世事無常,就有可能發展出一種新的思維模式——每當變化來臨的時候,第一,你對變化不再那麼恐懼,因為你知道不確定性就是世界的本質,變化就是常態;第二,

當你不懼變化，從恐懼中解放出來時，你的內心中反而會形成一種篤定的張力，讓你淡定地面對萬物的無常。

當抱持這樣一種「接受世界不確定性」的思維模式時，你的內心中就會生出一份自洽的坦然。這份坦然會讓你越來越接納這個世界的變化，最後發展成一種了然，也就是佛語裡說的「定」。

面對如今的困境，你要捫心自問，願意轉變思維模式，接受世界的無常嗎？

思維模式二：看問題的角度多了，糾結就少了

你遇到的問題往往來自某個狹隘的角度。

有一個著名的思維實驗——20個人圍成一個圈，中間放著一把椅子，然後讓每個人都說一說自己看到的椅子是什麼樣的。有的人看到的是椅子的正面，有的人看到的是椅子的側面，還有的人看到的是椅子的背面。換句話說，同一把椅子可以從20個不同的角度展現，可是其中任何一個人都沒有辦法對椅子給出完整、準確的描述。

生活中的你與實驗中的20個人一樣，都局限在自己特有的角度裡。對於遇到的人、發生的事，你都有一套基於過往和自訂的好壞標準，至於它是不是適合新的環境、新的場景卻無

從考證。一旦你只認定單一角度裡的那種可能性,就自動遮罩了其他角度裡的可能性,而這也讓你不自知地陷入了問題無解的窘境。

早在幾年前,我有機會去新加坡工作,工作簽證在辦理中,但是有一個公司主管想讓她的下屬去,最後我與這個機會失之交臂。我後來被安排去做了公司的一個內部項目。對於我來說,這簡直是一件從高峰跌落到谷底的突發事情。當只看到錯失了一個好機會的時候,我極度鬱悶,根本沒有動力去做別的事情。

我慢慢地從低谷期的鬱悶中緩過神來,問自己:我現在可以做些什麼?我能不能換一個角度來審視這種困境?

後來,我真的找到了新的審視這種困境的角度和應對方式。首先,做這個項目需要與印度人溝通,這正好讓我有機會提高自己的英語水準,何況還是印度式英語;其次,我在這個項目裡除了做本職工作,其實還需要做一些管理協調工作,這有助於提升我的領導力和管理能力;最後,這個項目不太緊迫,我有多餘的時間更深入地學習專業知識,提高專業技能。結果不到一年,我離開了那家公司,因為自身能力已經有了很大的提升。

你內心的焦慮、煩悶和糾結的糟糕情緒,往往來自對一件事情有成見,局限於某個固定單一的角度。一件事情的好壞,

在不同的人眼裡是截然不同的。**但是，每個人都有選擇一己態度的自由，就是人們的心智可以做出所謂的好壞判斷，可以讓好壞相互轉換。**

所以，你總可以抱持一種「從多角度看問題」的思維模式，不是只盯著事物的一個切面來作繭自縛，而是能夠從不同切面去看問題。你看問題的角度越多，越能夠正確地看問題，就越不容易被情緒綁架，內心就越自洽，而不會有過多的糾結和內耗。

換個角度去看，世界就不一樣了。當失戀時，換個角度看，你放下了一個不適合你的人，有助於找到真正的伴侶；當丟了工作時，換個角度看，你有了一次重新思考真正想要做什麼的機會；當創業失敗時，換個角度看，你證明了某條路是走不通的，從而未來可以避免發生類似的錯誤。

看一個問題，要從正面看、背面看、外面看、裡面看，站在過去看現在，站在未來看現在……與其執著於一個單一角度裡的不安，不如改變自己僵化的思維模式，安然擁抱一路上遇到的人、發生的事。

看一個人情商和智商的高低，主要看他能否從多個角度來看同一件事情。你看問題的角度越多，就越不容易糾結，從而越能做出更好的選擇。

思維模式三：與其抱怨現狀，不如躬身入局

曾國藩曾講過一個有趣的故事：有一個農村人出門，看到在一條很窄的田埂上有兩個人「槓上」了，誰也不讓誰，結果誰也過不去。原因是這兩個人都挑著很沉的擔子，路又太窄，誰要讓，誰就得從田埂上下去，站到水田裡，沾一腳泥。

如果你是旁觀者，那麼會怎麼勸他們呢？如果你說，讓年長的人先過去，讓年輕的人下去，年輕的人就會說憑什麼。這顯然沒有什麼用，他們還是會僵持不下。

在曾國藩的故事裡，這個旁觀者走上前去，對其中一個人說：「來來來，我下到田裡，你把擔子交給我，我替你挑一會兒，你這一側身，不就過去了嗎？」

當看到問題的時候，你把自己從一個旁觀者變成一個置身其中的人，把自己放進去，那個看似無解的問題就有了答案。曾國藩管這種方法叫躬身入局。

真正做事的人，往往都是願意躬身入局的人。他們不會抱怨現狀，反而會盡己所能化危為機，解決當前和未來面臨的問題。一個人只有摒棄抱怨，躬身入局，才能看清楚當前危險之中的潛在機遇，才能真正做出有利於自身發展的戰略性選擇。

我能想到的最值得借鑑的例子，就是俞敏洪的新東方。在培訓行業需求緊縮的大環境下，新東方並沒有被現實困住，而

是利用講師口才和知識上的優勢進入了直播賣貨領域，結果打了一場翻身仗，找到了企業的第二增長曲線。

一旦找到了生活困境中積極的一面，你就應該主動採取行動，躬身入局。

思維模式四：自我負責，做一個超現實主義者

對於很多人來說，沒什麼是特別值得追求的。為什麼一定要早起上班？為什麼一定要「戒手機」？為什麼一定要進步再進步？簡單來說，很多人沒有足夠強烈的動因，在他們的眼中，生活不值得投入已然擁有的一切。

很多人不願意承擔更多的責任，自然也就無法擁有更多的自由。責任和安全感一樣，並不是來自外在，而是來自內在。當願意在當下和未來承擔更多的責任時，你才會變得更好，做得更多，擁有更多。當選擇為自己的生活負起責任時，責任感會給你提供充足的動力和緊迫感，幫助你消除疲憊和絕望。

就像美國臨床心理學家、意義療法的創始人維克多·弗蘭克爾說的那樣，明瞭活著的意義能讓你變得更忍耐。願意為自己負責的人，往往更勇於直面現實。

橋水基金創始人瑞·達利歐的人生原則的第一條就是，做一個超現實主義者。瑞·達利歐建立了一套投資系統，將已知

的風險納入一套模型中,以求囊括一切。他希望自己做一個超現實主義者,綜合分析眼前的形勢,根據形勢的變化在思維和策略上做出及時的修正,並且要敢於與偏見、錯誤做鬥爭。所以,他的團隊要不斷地搜集資料,將其錄入系統中。這些資料在變化,得出的結果也在變化。瑞・達利歐對經濟的看法是多變的,但這是他適應變化的一個辦法。

為了讓自己有更清晰的認知,瑞・達利歐要求公司員工盡可能開誠佈公,對通話錄音並鼓勵辯論,讓自己和員工的想法透明化。瑞・達利歐曾向員工徵集關於他的種種缺點,拋磚引玉,列出包括「缺乏耐心」「過度關注細節」。員工批評他做事時經常突發奇想,缺乏必要的跟進。他還要求員工在開會時不留情面,拋棄脆弱的自尊心,鼓勵員工之間不斷相互批評,直到他們能冷靜、客觀、不帶情緒地反思這些批評。

人們都不願意面對殘酷的現實,經常基於想像拍腦袋做決定。很多人的想法都模模糊糊,他們不敢接受別人的挑戰和事實的檢驗,就是因為擔心被打臉,擔心出醜。其實被打臉是常態,誰都怕跌倒,但跌倒正是你成長的機會,你要像瑞・達利歐說的那樣,享受從犯錯中學習。世界並不是簡單地按照某些人的世界觀來運轉的。如果你想改變這個世界,就不要期盼這個世界先理解你。相反,你要先理解這個世界,理解這個世界裡的人性,然後才有可能採取有效的措施改變世界。

有太多自以為是的人,他們以為自己就是世界的中心,總

想讓別人理解他們，尊重他們，卻從來不曾真正思考過——**只有自己的世界觀和這個真實世界的底層邏輯相契合，才能真正地順勢而為，心想事成。**

你為什麼要變成超現實主義者呢？這是因為，人生中最重要的事情是理解現實世界如何運行，以及如何應對現實。你只有正視現實，才能摒棄妄想，真正地解決當下的問題和未來的難題。

你要想成為一個為自己負責的超現實主義者，就要學會以下幾點：

(1) 理解現實。你要搜集現實中有助於發現真相的一切資料。

(2) 擁抱真相。你要敢於接受真相，即便真相與你期望的不一致，你也不能抗拒現實。

(3) 開放大腦。在接受了現實後，你要深入思考，審視別人不同的意見。

(4) 表達自我。你要勇於把自己的想法和觀念公開地表達出來，接受他人的質疑，也要敢於實踐自己的想法，接受現實的檢驗。

(5) 接受結果。不管你的決定帶來的結果是什麼，你都不要把得到不理想的結果歸咎於外部原因，或者責怪別人，而要選擇接受，因為你要為自己的決定負責，並承擔相應的後果。

成功的理想主義者都是現實主義者，而且都是超現實主義者。他們瞭解自己的能力，知道自己能做什麼、最適合做什麼、局限性是什麼，然後主動地選擇為自己的行為負責，自洽於現實。

思維模式五：從內部而非外部定義成功

　　成功的定義是什麼？

　　我曾經一度以為，有車有房，年薪百萬，經常出國旅遊，有錢買自己想要的東西，這樣的人生才是成功的。可是，當30多歲，沒車沒房，也沒有達到年薪百萬的時候，我發現這種對人生成功的定義讓我覺得自己很失敗，變得自卑而消極。

　　這種成功的單一價值標準，會讓我只去做賺錢這件事情，卻從來不去問問自己內心真正想做的是什麼。更嚴重的是，它讓我的人生變得單調無趣，即使獲得了物質上的滿足，也無法填滿內心的空洞。

　　我之所以開始寫公眾號文章，是因為聽了一場名為「財富自由之路」的講座，裡面提到了透過打造內容產品來升級個人商業模式，從而實現財富自由，說白了，就是我去創作優秀的內容，然後用這些內容賣錢，並且不是賣一次，而是可以複製很多份賣出去，這樣就可以一次性付出獲得很多次回報。

　　我就是衝著財富自由去寫公眾號文章的，期望透過寫作變

現。我在一開始時是興奮而激動的，感覺自己有了一個夢想，在不斷寫作的過程中，期望可以擁有很多粉絲，期望有足夠的流量支撐我透過寫作去做一些賺錢的事情，比如開設課程、出版書籍等。但是結果卻並不如意，大多數時候，我只是在默默地寫作，不願意接廣告做推廣賺錢，所以財富自由離我很遠。與別的作者有幾十萬個，甚至上百萬個粉絲相比，我的粉絲不多，與很多作者透過公眾號賺取了可觀的收入甚至全職寫作相比，我並沒有辦法透過公眾號寫作支撐我的理想生活。很顯然，透過外部的收入和流量衡量我寫公眾號文章這件事情，我是失敗的，因為我在這些資料方面表現得非常糟糕。這也讓我開始有了比較心，越來越關注所謂的閱讀數和點讚數，想要得到更多人的認可，甚至想要儘快透過寫作實現財富自由。

這種內心雜草叢生的狀態持續了一兩個月，這種想要獲得外部所謂的成功的迫切感讓我的生活多了焦慮和倦怠。這種欲望的背後，是與時間為敵，不是把做自己長期要做的事情當成一種享受，而是把做這件事情當成現在就要回報的工具。焦慮和倦怠的狀態根本無法支撐我堅持寫作，這種從外部定義成功的做法，讓我痛苦不堪，也讓我反思自己到底為什麼要寫作。

當開始從內部定義成功的時候，我釋然了。我個人寫作的成功，在於我的學習能力、思考能力、表達能力在這個過程中得到了切實的鍛鍊，並且我透過文字給一些和我一樣的人提供了有價值的東西。這樣對於成功的定義來自內在真正的需求和

信念,是我自己可控的。當從內部定義成功的時候,我願意與時間為友,能夠從焦灼的狀態中跳出來,重新回到積極生活的狀態,一步一個腳印地堅持下去。

如果一個雞蛋的蛋殼從外面裂開,它的生命就結束了。但是,如果一個雞蛋的蛋殼從內部裂開,就意味著新的生命破殼而出。偉大的事物都是由內而外產生的。

不管處於人生的哪個階段,你需要做的都是讓自己的內心積蓄力量,從內部定義自己,定義未來,定義成功,並最終成為你自己。外部的精采終究只是過眼雲煙,而只有內部所賦予的人生意義,才會跨越時空,歷久彌新。

當下和未來會發生什麼?這很難預測,但你唯一可以做的是,抱持以下能夠讓你經受住當下和未來考驗的思維模式,從而更自洽地面對生活:

- 接受世界的不確定性,由定生慧。
- 多視角地看問題,擺脫情緒的束縛。
- 躬身入局,積極行動,從危機中發現機遇。
- 為自己負責,成為一個超現實主義者。
- 從內部而非外部定義成功。

這五大思維模式,是重塑內心自洽的利器,能夠讓你無懼一路上出現的困擾和焦慮,從底層邏輯上解決問題,探索自

身。在人生漫長的日子裡，你要時常留意自己慣有的思維模式，審視它、打磨它，去偽存真。**因為你的思維模式、你的認知、你的行動，本身就是當下和未來最大的變數，同時也是你手裡最大的籌碼。**

行動篇

人生需要事上練

間歇性自律、持續性懶散，你到底做錯了什麼

我們都知道正確的事要重複做，可是很少有人能踏踏實實靜下心來幹點事。成長並沒有捷徑和秘訣，無非是比別人多一點堅持，多一點努力，多做點反人性的事，即使這些大道理我們都懂，但真正願意持續地付諸實踐的人卻少之又少。

說好了要減肥，卻總是抽不出時間來健身；說好了要早起，卻總是在鬧鈴響過之後繼續呼呼大睡；說好了自學課程，卻總是在晚上花大量的時間刷微博，玩遊戲。

我們都明白，自律＝自由，為了獲得真正的自由，就得給自己設定一些限制，自律起來。事實卻常常相反，我們越想要自律，越求而不得，那到底做錯了什麼呢？

意志力式的堅持,不靠譜

我相信,很多人都有過給自己「打雞血」的經歷,在某個消沉的瞬間,在某個忍無可忍的時刻,衝著生活大吼大叫,心裡默唸著努力奮鬥,未料僅僅堅持了幾天,便放棄了,生活一如既往地慵懶,得過且過。你以為逼一下自己,再逼一下自己,就可以過上持續性自律的生活,但往往事與願違,慘敗收場,以致在後來很長的一段時間裡,你對自律這個詞都有一種厭煩心理,堅持的勇氣和信仰早已「碎」了一地。

事實上,很多人的問題在於短時間內用力過猛,總是希望透過強大的意志力來維持長期的堅持。

也許存在這樣的人,每天早上5點醒來,每頓飯都吃清淡無油的簡餐,每天下午還要去健身房鍛鍊兩小時,他們的內心中似乎有一個永不滿足的惡魔驅使他們像奴隸一樣去做那些正確而有價值的事。如果你真的見過生活如此自律的人,那麼會發現另一個事實:他們非常享受這樣的生活方式。對於他們來說,做這些事其實毫不費力,無須所謂的堅持,更不需要極強的意志力,他們在做這些事的時候內心極其自洽,毫無內耗。

想要透過意志力來達到自律,強迫自己、倒逼自己形成一種自律的生活方式,往往是行不通的。實際上,還會適得其反,正如任何曾經嘗試節食的人都會告訴你的那樣,這種強制性的自我約束只會使情況變得更糟。

意志力就像一塊肌肉一樣，如果你用力過猛，它就會變得疲倦，力量越來越弱。比如，你想養成新的飲食習慣或執行新的鍛鍊方案。第一週，一切看起來都不錯，但是到了第二週或第三週，你又回到了從前懶散、沒有節制的生活模式。你的意志力資源有限，要維持長期的自我約束，就要讓意志力得到長期的鍛鍊，能夠穩定、可持續地維持在很高的水準。

這時，如果從意志力的角度去看自律，你就遇到了一個類似於「雞生蛋，蛋生雞」的難題——為了強化意志力，你需要長期的自律；為了自律，你又需要很強的意志力。

那到底是先鍛鍊意志力，還是先自律呢？你該從何開始？兩者之間互相矛盾。用意志力來驅動自律就會產生這樣的悖論，因為任何一種可持續的自律模式，從來都不能簡單地依賴於一個人的意志力。

如果做一件事需要依靠你的意志力硬扛，需要你不停地暗示自己「努力堅持」，那麼你往往堅持不了多久。 因為你需要費勁地堅持，本身就說明你不太願意做這件事。對於做一件你喜歡做、擅長做的事，你的大腦裡根本就不會出現「努力堅持」這四個字，因為你每天都會樂此不疲地做這件事。

你要追求的不是自律，而是自驅

人本來就有趨利避害的本性，喜歡做讓自己感覺良好的

事，不喜歡做讓自己感覺糟糕的事。當要利用意志力來做一件事的時候，你就暫時違背了人的本性，遠離了那些感覺舒適、美好的事，去做那些感到不適但卻正確的事情。

這種理念所帶來的一種策略就是——自律＝自我壓抑。

這種策略希望你透過否定自己的情感和欲望來實現自我約束，但這種否定內心真實情感和欲望的做法，顯然行不通，因為意志力資源有限，人的本能過於強大，你很容易被內在糟糕的感受所影響，進而停止去做一件事。

比如，你知道讀書很重要，也希望自己像那些優秀的人那樣每天都能大量閱讀，所以你逼著自己不看微博，不看朋友圈，減少和朋友的社交，晚上把自己關在屋子裡看書。可是一整晚你並沒有專注地閱讀，反而內心中有著掙扎，無法靜下心來，結果第二天你不僅沒有繼續閱讀，而且用手機聊天聊到了半夜。

很多人追求自律，其實是想透過壓制情感來凸顯理性，想透過否定自身欲望來鍛鍊意志力，這讓他們膽戰心驚、小心翼翼，甚至開始變得自我厭惡，對自己的欲望感到恐懼，自我否定，這樣不僅讓他們嚴重內耗不自洽，而且無法發掘真正的潛能。

事實上，讓你堅持下去的不是某個理性的想法，而是內在的某種真實的感覺。

職業跑者堅持跑步，是因為他必須靠這項技能吃飯，如果

不每天堅持跑步，就會失業，就會存在生存的問題，他的內心中有關生存的恐懼感驅動著他堅持跑步。村上春樹29歲時開始寫小說，33歲時開始跑步，因為他知道成為小說家是他的人生目標，為了完成這個目標，他需要健康的體魄，所以要成為小說家的那種欲望驅使著他開始跑步，每天跑10公里，一跑就是40年。堅持跑步就是一種自律，在職業跑者和村上春樹的眼裡，自律是被內心的欲望和感受驅動的。

理性思考可以影響你的選擇，但最終，你的內在的真實感受才真正決定了你會去做什麼。真正讓一個人持續地做一件事的不是自律，而是自驅。**所謂自驅，就是你順應了內心的某種真實的感受，然後讓那種感受來引導你去做那些對你來說正確的事。**

比如，健身這件事，除非去健身房讓你感覺良好，否則你將失去動力和意志力，並最終停止健身；你可以戒酒一天或者一週，除非感受到了不喝酒的好處和酗酒的罪惡，否則你最終還是會回到喝酒的習慣裡。

最後的結論就是，自我約束不是基於壓抑自我的感受，而是基於接納自我的感受。任何真正有效的自律方法都必須與你的情緒和感受相配合，而不是與之抗衡，否則只會事倍功半。

假設你現在正在嘗試減肥，可是每天都想吃一球冰淇淋。你知道這是不好的，但卻沒法控制自己。你為此討厭自己，每次吃完冰淇淋都會有一種罪惡感，壓力非常大。如果你想真

正地實現自我驅動，要做的第一步就是接受自己沉迷於甜食，接受自己是個「吃貨」，其實每個人都有無法控制的衝動，你不必為此感到罪惡，不需要否定自己的欲望，可以迴避來自外在的各種勸誡，更重要的是要停止內心的自我評判——我不夠好、我很醜、我不值得被愛、我會被人看不起等。

一旦你放棄了對自己苛刻的信念，承認了自己的欲望，將情緒與道德評判脫鉤，便開始了自我接納，這時就有了新的視角——沒什麼大不了的，突然之間，那些冰淇淋顯得毫無意義。你不再為難自己，懲罰自己，相反，你喜歡自己，因此想要照顧好自己，更重要的是，照顧好自己讓你感覺很好。更令人難以置信的是，冰淇淋不再讓人感覺很好，相反，它有時候讓你感到不適和腹脹，這讓你覺得冰淇淋並沒有那麼美味。

自我接納引發的思維轉變，會讓人產生一種自驅力，這種自驅力來自你的內心的自洽。這股自洽力會讓你的堅持毫不費力，甚至自得其樂。從長遠來看，基於克己的自律是無法維持的，只會滋生更大的內心反抗，並最終導致「擺爛」甚至放棄。

一個人在生活裡要追求的不是自律，而是自驅。你早起，是因為早起讓你感覺自己是一個積極向上的人；你運動，是因為運動讓你感覺自己是一個有活力、自信的人；你讀書，是因為閱讀讓你感覺自己一直在成長，非常充實。

只有當開始自我接納，接受自己的欲望，然後從心底願意

自我負責的時候，你才會有足夠的動力去改變自己的壞習慣，持續做那些有益於你的人生的事。

讓自驅成為你的生活方式

每個人都有自己的生活方式，而所謂的生活方式，就應該是可持續的毫不費力的。如果你把每一次健身都當作一個艱巨任務，每一次吃飯都要糾結半天精挑細選，那麼圍繞健身和健康飲食的生活方式對你而言，就不可能是持續的。

與我們常常提到的克己式自律相比，自驅才是一種更有意義的生活方式，它會為你的生活源源不斷地提供前進的動力。當你做到自我接納的時候，外界的評判才不會影響你，你才有機會開啟自驅模式，去深究自己內心的真正需求：「我到底想要什麼？」

我們的大腦有一個「獎賞中樞」，它負責分泌多巴胺這種神經遞質。贏得比賽，獲得滿足感，獲得認同和尊重，所有這些獎賞性體驗都會讓大腦分泌更高水平的多巴胺。相應地，較低的多巴胺水平則與較低的驅動力，較弱的努力程度和無趣的體驗有關。

研究壓力的著名學者羅伯特‧薩波斯基說：「多巴胺更關乎渴望，而非獲得」，多巴胺是產生驅動力的關鍵。

當在生活中更多地透過壓抑自己的渴望來做一件事時，你

其實讓自己處於長期的壓力之中，隨著時間的推移，多巴胺水平會逐漸下降，持續做某件事的動力就會不足。當真正自我接納的時候，你才有可能從焦慮和壓力中解脫出來，讓大腦分泌更多的多巴胺，並且進入一種「預設模式網路」（default mode network），這才有助於你持續地做一些艱難但是正確的事。

「預設模式網路」是神經科學家馬庫斯・瑞吉兒在一項研究中披露的，這時的大腦處於閒置的狀態，什麼都不做，這個網路消耗了大腦所用能量的60%～80%，它是一個用於自我反思及反思他人的靜息狀態系統，可以幫助大腦恢復活力，更深刻地看待事物，處理複雜的思緒。它允許你組織自己的想法，還讓你有機會與自己對話，創造性地解決問題。

所以，你要先自我接納，然後才能達到自我驅動，因為你只有接納了現在不那麼完美的自己，才能心平氣和地正視自己的欲望，然後定義出什麼是自己真正渴求的。

比如，你現在很胖，非常想瘦，但是不像以前那樣否定自己愛吃不愛運動，而是接受自己就是個好吃懶做的人，那麼心裡就會釋然，不會逼著自己節食和運動，會想一想自己到底為什麼要瘦下來，是自己想要更健康、更自信，還是因為別人覺得你很胖？當想清楚了自己為什麼要瘦下來時，你才會很自然地、主動地做一些有益於瘦下來的事，因為你的內心真正認可你要做的事，這給了你好的感受，並以此驅動你持續地做。

所以，你要讓自驅成為一種生活方式，需要在生活中實踐

下面幾步：

第一步，接受你的糟糕表現。

你必須接受自己有這樣或那樣不好的表現，接受自己總是很放縱，但承認這些並不意味著你一無是處。我們都會屈服於某種形式的放縱，都會感到羞恥，都會有無法控制自己衝動的時候。

你只要接受了自己，就不會有那麼多負面的感受和情緒，也不會被自己和周圍的評判所束縛。也正因為你接受了自己，所以才會有勇氣誠實地面對自己和這個世界。

第二步，明確自己內心的渴求。

在接受了你的糟糕表現之後，你會有更多精力進入「預設模式網路」，思考自己面對這樣的表現是否要做出改變，以及為什麼要做出改變。

你只有真正地發掘出內心的真實渴求，才能毫不費力地堅持。有朋友讚賞我的畫，說我畫得很好。可是我心裡非常清楚，我畫畫的水準還只是初級水準。我持續畫畫是因為我想成為有趣、認真的人，一方面我可以從畫畫中獲得樂趣，另一方面畫畫可以提升我的專注力。如果我不喜歡畫畫，而只是為了讓自己不刷手機、不玩遊戲，或者透過畫畫獲得別人的認可，就很難堅持下去，更不可能樂此不疲了。

當不再依賴於意志力，不再追求所謂的克己式自律，而是開啟一種自我驅動式的自律模式去做一件事時，你就會找到屬

於你的生活節奏。那種自我驅動式的自律模式，並沒有減輕你做事的痛苦，也沒有讓做事變得簡單、快樂，不是這樣的。痛苦仍然存在，只是經歷痛苦現在變得有意義了，有目的和價值，這讓一切變得不一樣了。你不是在與痛苦抗爭，而是苦中作樂。你不是迴避痛苦，而是主動追求和承受做一件事的痛苦。只有這樣的自驅式自律，才會讓你日復一日地努力，年復一年地堅持。

　　自驅型的生活方式，帶來的是漸變，而不是突變。它會讓你從一個點開始變化，然後以點帶面，以面帶體地實現生活的整體變化。**最終，從外部看，別人看到的是你極為強大的自控力和意志力；但對你而言，自律，不過就是內心明朗之後的順勢而為。**

做事沒有動力，你該怎麼辦

你做不好一件事情的最大的問題是，沒有動力去做。你可能有過這樣的經歷，不到最後一刻，絕不願意主動去做那些重要的事情，以至於在匆匆忙忙中把事情辦得差強人意。動力就像一隻難以馴服的怪獸。有時候，你很容易受到激勵，感覺自己充滿了力量，膨脹得像個氣球；但也有時候，你不知道如何激勵自己，內心似一潭死水，毫無波瀾。

要想把一件事情做成，強大的動力會讓你事半功倍。反之，如果動力不足，你的內心就只會滋生糾結、猶豫，以至於把該做的事情一推再推。

什麼是動力

動力到底是什麼呢？

史蒂文・普雷斯菲爾德的著作《藝術之戰》中有這樣一句話，我認為這是動力的核心——**在某些時候，不這樣做的痛苦大於這樣做的痛苦。**

換句話說，在某些時候，「保持不變」要比「做出改變」讓人感到更痛苦。與忍受別人對自己肥胖的嘲笑和嫌棄相比，去健身房鍛鍊讓人感覺沒那麼痛苦；與馬上沒錢吃飯、租房相比，硬著頭皮給客戶打電話沒那麼痛苦。很多時候，當不這樣做的痛苦與日俱增時，你就會漸漸有動力去做那件事情，因為人有規避痛苦的本能，這就是動力的本質。

每種選擇都有代價，但是當能夠感受強烈動機帶來的動力時，你就願意忍受行動帶來的不適感，因為不這樣做會讓你更痛苦、更難受。這時，痛苦就超過了你能夠忍受的心理極限。這通常發生在你已經拖延了幾週面對最後期限時，因為你強烈地感受到了不去做比實際去做更痛苦。

現在有一個重要的問題是，你應該怎麼做才能使自己更有可能越過這一精神門檻並持續地受到激勵呢？

在過去的幾年裡，我一直在自我成長的領域探索，接觸過很多概念和想法，創造過很多自己的理念和靈感，其中對我而言最重要的一個想法是，**行動不僅是動力的果，也是動力的因。**

很多人只有有很強的動力才會採取行動，而感受到動力往往在受到情緒刺激的那一刻。你可能只有在擔心不能畢業時，

才有動力寫論文;你可能只有在被查出身體出現了問題,恐懼死亡時,才有動力養生;你可能只有在受到其他人的鼓舞時,才願意著手去做一些事情。可是在此之前,你可能不會有動力去做那些本該做的事情。你對設定的目標無動於衷,是因為缺乏動力,而缺乏動力,是因為沒有任何情緒和感受驅動你完成某件事情。這時,你的心智框架是這樣的:

情緒和感受→動力→行動

但是,這種心智框架之下的行動存在一個嚴重的問題——你的一生中最需要的改變和行動,往往是因為受到了負面情緒和感受的激發,但是負面情緒和感受卻同時也阻礙了你採取行動。

如果你與家人的關係緊張,那麼在家庭關係緊張下的負面情緒和感受(憤怒、怨恨、對抗等)將讓你不願意聆聽家人的真實想法,更不會和家人坦誠溝通。如果你因為肥胖想要健身,但卻對自己的身體感到自卑,去健身房的舉動就很容易激發內心的負面情緒和感受,最終反而會選擇繼續宅在家裡。那些內心的負面感受、消極想法,常常會讓你放棄行動,以至於你被自帶的負罪感、羞恥感和恐懼感所束縛,無法行動。

那動力到底是如何運作的呢?關於動力的心智框架其實是一個無休止的循環:

情緒和感受→動力→行動→情緒和感受→
動力→行動→情緒和感受……

你的行動會進一步產生情緒和感受，然後繼續激勵你採取進一步的行動。我們有普遍的誤解，認為動力是先於行動產生的，我們的動力或來自周圍的鼓勵，或來自勵志書籍的鼓舞。但事實上關於「動力」最令人驚訝的事情之一，是它通常是在開始行動之後產生的，而不是在行動開始之前產生的。只要你開始行動，即使非常小的行動，也會激發你的思維裡積極和創造性的那一面，讓你自然持續地產生動力。我將其稱為「生產力第一定律」，因為它就像把牛頓第一定律運用到了習慣養成：**一切物體在不受外力的作用時，總保持靜止狀態或勻速直線運動狀態。換句話說，一旦任務開始，繼續行動下去就變得更加容易。**

一旦開始行動，你就不需要太多動力。在一項任務中，幾乎所有的阻力都在開始時，只要你開始行動了，進度就會自然而然地推進。換句話說，完成一項任務通常比開始一項任務要容易得多。因此，激發動力的關鍵之一就是使其易於上手。

一個簡單的原則：做點小事

基於動力產生的「生產力第一定律」，你可以為自己塑造

一個全新的心智框架：

行動→情緒和感受→動力

借助這個心智框架，我們得出以下結論：如果在你的生活裡，缺乏做出重大改變的動力，就主動做點什麼，任何力所能及的小事都可以。然後，你可以把做好這件小事所獲得的成就感，作為激勵自己行動的一種動力。

許多人之所以掙扎於尋找實現目標所需的動力，是因為把時間和精力花在了錯誤的地方，一直不去行動卻希望動力從天而降。

邁出第一步，去做點小事，這是一種簡單的實用主義。你沒有期待，沒有壓力，也不會失去什麼，只是去做點力所能及的小事，僅此而已。如果你按照這個建議去行動，就會發現，一旦做了某件事，即使是最微小的行動，也會很快得到一些啟發和動力去做別的事。因為你一旦開始做那件小事並且把它做好了，就會相信自己可以做得更多，做得更好。然後，你就可以慢慢地從那裡開始一點點行動起來。

這些年來，我也在自己的生活裡遵循著「做點小事」這個原則。最明顯的例子就是我運營「自言稚語」這個公眾號。我完全為自己工作，沒有老闆告訴我該做什麼、不該做什麼。我並不是一個天賦異稟、遣詞造句信手拈來的人，反而在很多時

候非常不安，對選題冥思苦想，內心充斥著對寫作素材和寫作能力的懷疑與不確定感，而且當沒有人在身邊逼我時，週末坐在電腦前上網和看電視劇可以迅速成為更具吸引力的選擇。

在剛開始時，我常常把寫作這件事推遲到發文章的最後一刻。每週的週末我都處於前半段焦慮後半段趕工的狀態，事總是被拖延。我很快發現，這個時候停滯下來毫無益處，還不如去做點小事，隨便做點什麼，而不是想著去完成一個艱巨的任務。如果我必須在今天寫完一篇文章，就會強迫自己坐下來，然後說：「好，我現在就設計一個標題吧。」隨著我想好了一個標題，我會發現自己可以很快地聯想到寫作的其他部分，一些點子在「做點小事」的啟動下慢慢冒出來，然後我就會充滿動力地整理出文章的框架，搜集到合適的素材，在不知不覺中就真的沉浸到寫作這件事裡。

有時候，我也會因為工作上的壓力而煩躁，什麼都不想幹，安排好的計畫也很容易被丟棄。但是有了「做點小事」的原則，當鬱悶、焦慮時，我會主動地找點事幹。比如，把整間屋子都整理一下，坐下來把制訂好的計畫重新抄寫一遍，甚至打開電腦整理一下螢幕上的資料夾也可以讓心緒平靜。漸漸地，我恢復了活力，不再被內心的恐懼和抗拒所束縛，內在驅動力會自然而然地出現。

做點小事，不局限於做一些瑣事，也包括換一個角度思考問題，換一種認知方式看待世界，這些都會給你的生活帶來積

極的變化。

有人曾說，如果你不知道如何解決問題，就寫一些東西，你的大腦會隨著時間的流逝解決它。我認為這句話是對的，做點小事這個行動本身會激發新的思想和觀念，使我能夠解決生活中的問題，但是如果我只是靜靜地思考它，那麼新的見識和火花就永遠不會出現。

做點小事，雖然微不足道，但是每個人都能夠輕而易舉地行動，這是一種非常實用的塑造思維方式和行為習慣的原則，可以讓你更容易地完成一件事。

人生的自我決定理論

前面談到了動力，有外部環境帶來的動力（比如你根本就不喜歡這份工作，但為了高薪你還是做了），也有內在本身激發的動力（比如你熱愛畫畫，所以可以持續地精進繪畫能力，不為賺錢，不為「攢粉」）。

你做事的動力可以分為內在動力和外在動力。內在動力就像你的身體裡有一台發動機，給你源源不斷地提供動力，激勵你去做一件事。外在動力卻相反，是由外部環境來激發你做事的動力，你的身體內部是缺乏動力的。

一個人做事最好的狀態，一定是內部有發動機。依賴於外在激勵來提供動力有很大的風險，因為只要激勵停止，你很快

就會失去動力，逐漸放棄行動。

內在動力從哪裡來呢？《內在動機：自主掌控人生的力量》的作者羅切斯特大學社會科學心理學教授愛德華·L·德西和同校的另一位心理學教授理查·里安於20世紀80年代共同提出了自我決定理論（Self-determination Theory）。這是目前人類動力領域最有影響力的理論。

自我決定理論提供了研究人類動力的框架，假設了所有人都試圖滿足三種需求：

(1) 自主感。自主感指的是一個人可以依據自己的原則或優先次序獨立決定做什麼、怎麼做，所有的選擇和行動都是自發的。它讓你感覺自己有人生的自主權。

(2) 勝任感。勝任感指的是一個人相信自己有能力完成一件事。它讓你體驗到做事遊刃有餘，讓你感受到與周圍的人、事、物有著良性互動的感覺。

(3) 聯結感。聯結感指的是一個人的關係需求。它讓你感覺到自己和他人是存在情感聯繫的，你被這個世界需要，同時你也在意他人，有了聯繫，就有了歸屬感。

自我決定理論關注個體在沒有外部影響和干擾的情況下做出選擇的動力。自我決定理論認為，當以上三種需求被滿足時，外在動力會向內在動力轉化，反之，如果以上三種需求沒

有得到滿足，特別是自主感沒有得到滿足，那麼內在動力就會被削弱甚至消失。

愛德華·L·德西講過這樣一個經典的案例：一群小孩在一個老人的家門口玩耍，嬉戲聲不斷，老人不堪其擾。於是，老人想了個主意，給每個小孩10美分，對他們說：「你們讓這裡變得很熱鬧，我覺得自己年輕了不少，給你們這點錢以表謝意。」孩子們很高興，第二天仍然過來，一如既往地大聲喧譁嬉鬧。老人又出來給了每個小孩5美分，並解釋說自己沒有收入，只能少給一點。5美分對於這群小孩來說也不算少，所以他們仍然很高興。第三天，老人只給了每個小孩2美分。孩子們很生氣，說：「一天才給2美分，你知不知道我們多辛苦！」他們對老人發誓，再也不為他玩了。

在這個故事裡，老人的辦法很簡單。他將孩子們的內在動力（「為自己快樂而玩」）轉變成了外在動力（「為得到錢而玩」）。他利用金錢這個外部因素成功地操縱了孩子們的行為。在孩子們受到金錢的影響，自主感受到削弱之後，他們的內在動力就會減小甚至外化，就失去了內在力量，一旦外在力量抽離，他們就無法再持續做原本要做的事。

自我決定理論鼓勵大家做內在動力驅動的人，而非被外在動力裹挾前行的人。所以，在日常生活裡，你常常需要審視當下所做的事到底是否滿足個人對自主感、勝任感和聯結感的需求，如果它們都被滿足，那麼說明你有足夠的內在動力驅動自

己持續地做這件事。如果它們沒有被滿足，那麼你要思考到底哪個方面的需求沒有被滿足、是否可以做出調整或者改變讓這個方面的需求被滿足。

我在剛開始工作時參與了一個項目，項目主管在和團隊第一次開會時，不是給自己樹立威信，而是問大家「怎樣可以讓我們快樂地工作？」這種問題拉近了大家和他的距離，滿足了團隊成員的聯結感。然後，他又根據大家的特點和優勢分別確定好每個人在團隊中的位置，讓大家感受到自己對工作的勝任感。最後，他說團隊中的每個人都可以自由地工作，不限形式和方法，以結果為最終導向，共同努力完成工作，這其實就是在強調大家擁有工作的自主權。

那個主管使用的這些策略都是在激發團隊的內在動力，所以與其他團隊衝突不斷、管理混亂相比，我們團隊不僅工作氛圍輕鬆愉快，而且工作成果也很突出，在年終被評為最佳團隊。

動力比能力和才華更重要，因為有能力和才華的人很多，但「動力」強的人並不多。**換個角度來看，在工作和生活中，你如果總能感受到自主感、勝任感和聯結感，那麼個人幸福感也會油然而生，這是自我決定理論從人類動力層面對幸福來源的解讀。**

所以，在日常生活中，不管做什麼事情，你都要主動發現做這件事情的價值。這樣你就會感覺到，這件事情是由你本人

選擇做的，因此能夠體驗到自主感。當確實把這件事情做成了時，你就會體驗到勝任感。如果你做的事情不僅與你有關，而且能幫助別人，服務於社會，就會讓你體驗到與他人的聯結感。當這三種感覺都存在於你所做的事情時，你的內在動力就是充足的，它可以幫助你積極、持續地做一件事情，讓你找到更多自己喜歡做的事情，而在做自己喜歡做的事情時，你就會很幸福、很快樂。

尋找做事情背後的意義感

有的人努力工作為家庭付出，苦累是常態，但是他依然能挺下來；有的人在下班回家後不打遊戲，不看電視劇，而是去咖啡館學習；有的人不再賴床，而是一大早起來跑步……這些人不是不喜歡做一些輕鬆、有趣的事情，而是為自己所做的事情賦予了非凡的意義。

人類對意義天生有強烈的需求，換句話說，人類根本無法忍受無意義。古希臘神話裡薛西弗斯受到的懲罰是，要把石頭推上山頂，但每次石頭被推上山頂後都會滾下來，薛西弗斯就在這種重複的勞作中消耗生命，陷入徹底的無意義中，這是希臘眾神認為的最嚴厲的懲罰。

《活出生命的意義》這本書的作者維克多・弗蘭克爾是一名心理醫生，他認為人生最重要的是發現生命的意義。

他在年輕時和家人一起被抓入納粹集中營，每天都被迫做高強度的體力勞動，還要時刻擔心被送進毒氣室。在這種極端的環境下，很多犯人在勞動時特別賣力、特別認真，因為工作成了他們活著的唯一意義，突然某天不工作了，他們內心的恐懼將會讓他們活不下去。弗蘭克爾也深知在這種極端的環境下，生存的唯一方法就是找到生命的意義。所以，在被納粹囚禁期間，面對苦難和折磨，他選擇了忍受並且積極地應對，從苦難中找到了生活希望他履行的責任——把監獄生活當作一個從事學術活動的良機，可以研究人們在極端恐怖環境中的變化。

　　有了這樣一種思維和選擇的轉變，弗蘭克爾不僅和獄友分享他的研究成果，幫助其他人在苦難中找到生命的意義，尋回自尊，並且還設想，如果能活著出獄，那麼該如何把這些知識分享給集中營外的人。最終，他不僅正確地回應了生活給他出的難題，而且自創了一套心理學療法，成為享有盛譽的存在分析學說的領袖。

　　當找到了做一件事情背後的意義時，你就會有強大的動力把這件事情做好，因為你會有明確而具體的目標，也更懂得取捨，捨棄那些看似美好的誘惑，轉而淡定地等待最符合自己期望的機會出現。

　　比如，我在認真審視寫作這件事情後，很快將它納入了自己的人生清單之中。寫作之於我的意義是，能夠讓我持續地鞏

固我的成長知識，讓我能夠透過文字影響別人，給別人的人生提供價值。這個意義，只要想一想，都足夠讓我興奮。所以，我可以在忙於寫作時，拒絕朋友的娛樂邀約，也可以在被人指出問題時，立馬推倒重來。因為明確了寫作的重要性，所以我願意大量地閱讀，進行知識輸入。更關鍵的是，我願意把寫作融入生活中，形成一個良好的輸出習慣。正因為給寫作賦予了意義，所以我有動力持續地在公眾號上更新文章。

發掘做一件事情背後的意義，可以啟動你的內在動力，讓你主動持久地做這件事情。所以，當沒有動力做一件事情時，你可以問一問自己：

(1) 可以給做這件事情賦予什麼樣的意義呢？
(2) 如果不做這件事情，那麼會有哪些負面意義呢？

當羅列出來的意義越多時，你就越明確做這件事情對你的重要性。這時，你的大腦裡對做這件事情就不存在所謂的堅持或者努力，你會開始享受做這件事情，因為做這件事情背後的意義讓你興奮甚至急不可待。

讓例行行動成為習慣

任何例行行動成了習慣，都會變得毫不費力。所以，一個

長期保持動力的方法，就是把例行行動轉化成習慣。你可以採取以下三個簡單的步驟使例行行動成為習慣：

步驟1：良好的儀式往往都非常簡單，以至於你無法拒絕。

任何良好的儀式的關鍵在於，你無須想下面這些問題——

- 應該先做什麼？
- 什麼時候開始做？
- 應該怎麼做？

大多數人停滯不前，往往是因為他們無法決定如何開始。只有開始的行動既簡單又自動化，你才會迅速地進入完成任務的狀態裡。

特懷拉·薩普被認為是現代最偉大的舞蹈家之一。她在暢銷書《創造性的習慣》中討論了儀式在成功中所扮演的角色：「我以一種儀式開始我的每一天。我在早上5:30醒來，穿上運動服、保暖腿套、運動衫，戴上帽子。我走到曼哈頓的家門口，叫了計程車，叫司機帶我去第一大街的體育館，在那裡鍛鍊兩個小時。我的儀式不是每天早上在健身房鍛鍊身體時進行拉伸和重量訓練，而是叫計程車。在告訴司機要去哪裡的那一刻，我就已經完成了儀式。這是一個簡單的動作，但是我每天早晨都以相同的方式習慣它，使它變得可重複且易於執行。」

我不需要任何動力就可以開始儀式。比如，我的寫作從喝一杯水開始，我的健身從穿跑鞋開始。這些任務非常簡單，我無法拒絕。任何任務中最重要的部分就是開始。

如果你希望透過儀式和例行行動來激發動力，那麼可以參考以下示例：

- 進行一樣的鍛鍊：在健身房中使用相同的熱身程序。
- 變得更有創造力：在開始創作或思考方案之前，先把桌面整理好。
- 從無壓力的每一天開始：創建一個五分鐘的早晨冥想儀式。
- 睡得更好：睡前使用「斷電」程序——把手機、iPad等電子產品關閉。

儀式之所以有力量，是因為它提供了一種無意識的方式來啟動你的行動，使你更容易養成習慣。

步驟2：你的例行行動應該使你朝著最終的目標邁進

缺乏精神動力通常與缺乏運動有關。你可以想像一下當感到沮喪、無聊或無動力時的身體狀態，你更傾向於靜止狀態，更願意慢慢地「融化」到沙發上。反之亦然，如果你的身體參與運動，那麼你很可能感到精神投入和精力充沛。比如，你在

跳舞時，總會感到清醒和充滿活力。

你的例行行動應該盡可能容易地開始，並且應該逐漸過渡為越來越多的與你的目標相關的行動，而你的動力將隨著你的行動而增強。如果你的目標是寫作，那麼你的例行行動應該使你更接近寫作行動，比如給自己倒杯咖啡坐在電腦前。

步驟3：你的例行行動都應該遵循相同的模式

如果你的例行行動的執行步驟每天都不一樣，那麼你很難真正地把例行行動內化成自動化模式。

只有例行行動遵循了相同的模式，你才會日復一日地重複，以至於在你的大腦裡形成穩固的神經模式，為後續行動發生提供指引。最終，該例行行動與你的表現緊密相關，以至於只需要執行該例行行動，你就會陷入準備執行的精神狀態。你不需要知道如何尋找動力，只需要開始日常工作即可。

這一步很重要，因為當沒有動力時，你往往會花費很多時間來弄清楚下一步應該做什麼。這時，你需要思考，需要做決策，這些苦差事會讓你選擇放棄或者拖延。例行行動則可以解決該問題，因為你確切地知道下一步該怎麼做，不用辨別或決策。你只需要遵循相同的模式，重複一樣的儀式即可。

最後，總結一下，要想持續、有動力地做一件事情，你可以參考以下幾點：

(1) 發掘自己的內在動力，讓自己做點小事來開始做這件事情。

(2) 透過自我決定理論，讓做這件事情產生自主感、勝任感和聯結感。

(3) 給做這件事情賦予盡可能多的意義。

(4) 建立做事情的儀式感，讓例行行動成為習慣。

在不確定的世界裡追尋機率的提高

前面談到了生活的無常,你會發現周圍發生的任何一件事都不是確定的。你在路上遇到朋友,他是你確定會遇到的人嗎?考試考了滿分,這是你的學習生涯裡確定會發生的嗎?投資股票賺錢,把錢投進股市之前你確定會盈利嗎?

我相信你內心的答案肯定是不確定。這就對了,因為人類認知裡的「確定論」時代已經過去,而量子理論告訴我們,很多事情的發生,與因果無關,只是機率。不確定性就是這個世界的本質,就像上帝擲骰子,人的一生也是一個隨機的過程。

你無法給自己畫一條確定的人生軌跡,除了死亡終點,軌跡上的其他所有關鍵點都充滿了不確定性,就連你的出生,都是一個卵子和一個精子的偶然結合。所以,即使是同樣的機會,擺在不同的人面前,也會因為對不確定性的理解不同而出現全然不同的選擇。

讓我們一起來做這樣一道選擇題：假設你的面前有兩個按鈕。如果你按下第一個按鈕，那麼會獲得100萬美元；如果你按下第二個按鈕，那麼有一半機會獲得1億美元，但還有一半機會什麼都得不到。這兩個按鈕只能選一個，你會選哪個？

我相信大部分人會選擇獲得100萬美元，因為這本來就是飛來橫財，拿了落袋為安。在他們的眼裡，按下另一個按鈕的結果太不確定了，萬一按下去，什麼都得不到，肯定會特別懊悔和心疼。對於這類人而言，他們追尋的是人生的確定性。

當然，也有少部分人會選擇按下第二個按鈕，這種人的風險偏好比較大，願意賭一把，反正這是飛來橫財。

事實上，這道選擇題有一個贏面更大的答案。

按下第二個按鈕有50%的機會獲得1億美元，那麼按照機率，這個按鈕的選擇權價值5,000萬美元（1億美元×50%）。如果你承受不了什麼都得不到的損失，就可以把這個價值5,000萬美元的機會賣給一個有能力賭的人，比如以2,000萬美元（低於5,000萬美元）賣給他。對於你而言，你獲得了確定的2,000萬美元，而對於買的人來說，他的期望收益是 5,000 － 2,000 ＝ 3,000萬美元。這個答案裡的策略可以讓你獲得比確定的100萬美元更大的收益，增加了贏的機率。

人生在世，時時刻刻都面對各種各樣的選擇。每一次選擇的背後，都有成與敗的機率。有智慧的人，會直面不確定性，更重視機率性選擇，他們不是更願意賭，而是懂得跳出自己的

直覺本能，基於「機率思維」追尋不確定世界裡機率的提高。

機率思維：成功的運氣

哥倫比亞商學院教授邁克爾・莫布森在《實力、運氣與成功：史丹福大學經濟思維課》一書中提出了一個成功的公式：成功＝運氣＋實力

你所經歷的大部分事情都是實力加運氣的組合，而判斷一件事的成功是否更偏重實力有個簡單的方法：問一問自己能不能故意輸掉？

不過，根據科學家用電腦做過的類比實驗，假設天賦、努力和實力能決定95%的制勝機率，運氣只佔5%，只要參與的人數足夠多，最後勝出的，就是運氣最好的，而不是實力最強的。在現實世界裡，很多事情的發展是不可預測的，影響事情發展的不可控因素很多，這就使得運氣好壞成為決定一個人能否成功的關鍵因素之一。

運氣是什麼？運氣就是機率。比如你擲骰子，想要擲6，而出現6的機率是1/6，結果你第一次就擲出了6，這就是運氣好；某天你踩到了一塊西瓜皮摔了一跤，這種機率雖然不高，但出現了，就是你倒楣，運氣不好。

對你有利的機率是好運，而對你不利的機率就是黴運。**所以，懂得「機率思維」很重要的一個標誌就是，你對每件事情**

的發生都抱持不確定的信念，但卻總是在自己可控的地方發力，提高好結果出現的機率。

舉個例子，某一天你和朋友相約在武漢見面，但是你們決定做個遊戲，不約定具體的地點，看看兩個人能否在武漢的某個地方遇上。如果你和朋友什麼都不想，只是隨機地選擇武漢的某個地點然後動身前往，那麼在這種情況下，你們相遇的可能性是很隨機的，機率會很小，因為武漢這個地方太大，可以選擇的地點太多。如果你們對武漢比較熟悉，而且是校友，為了能順利見面，就會思考選擇哪個地點相遇的機率更大，並且基於對對方的瞭解，你們會去揣測對方最可能選在哪裡見面。

由此可見，你其實在生活中都會有意無意地運用「機率思維」，而基於「機率思維」做出的決策和選擇，雖然沒有確定性，但是卻能夠提高成功的機率，降低不確定性對你的影響。那些真正聰明的人，往往更願意從機率角度出發去思考，去選擇。

比如，王興知道自己做成了美團，是趕上了移動互聯網時代，但基於「機率思維」，美團能夠勝出，是因為以下幾個原因：

- 在大城市競爭激烈，在三四線城市有更大的機率能勝出，所以選擇先農村後城市的策略。
- 王興本身就是連續創業者，之前創建過校內網、飯否

網,因為一直在「牌桌」上,所以對互聯網的認知絕大機率比別人更深刻。
- 狠抓服務品質和商家品質,更大機率地滿足客戶的需求。

這個世界是一個基於機率的隨機性世界,你越能基於機率思維做決策,青睞你的好運就越有可能到來。捫心自問,你在做人生重大決策和選擇的時候,想到過機率這件事嗎?

真正的聰明人到底是如何決策的

任何一種選擇都會產生一種結果,但是在你做出選擇之前,結果是有各種可能性的,就像量子世界裡的粒子,在你看到它之前,它可以是任何一種存在形式。真正有智慧的人,總會基於「機率思維」讓收益最大化。

1. 關於投資

假設你有1萬元存款,現在有以下幾種投資方案,請問你會選擇哪種投資方案呢?

- 有人加你微信,說要帶著你炒A股,一個月讓資金翻倍。

- 有人讓你投資某檔基金,年收益率是30%。
- 有人建議你定投滬深300EFT指數基金,連續投資10年,年收益率是10%。

大部分初次投資的人都希望自己一夜暴富,往往會選擇第一種或第二種投資方案,但事實上,只有第三種投資方案才是靠譜的。因為資金翻倍或者年收益率是30%在投資市場上都是小機率事情,連股神巴菲特的年複合收益率也不過20%,憑什麼你這樣的「菜鳥」可以做到30%甚至100%呢?即使在某一次投資中你獲得了超額收益,那也是偶爾的運氣使然,如果你持續追求這種小機率事情,被「割韭菜」才是你真正的命運。

在投資的過程中,除了對事情發生機率的拿捏,期望收益也是你評估可能性的一個工具。

《黑天鵝:如何應對不可預知的未來》的作者納西姆·尼古拉斯·塔勒布是一位名副其實的基金操盤手,早年就已經憑藉交易實現財務自由。有一次在一個投資研討會上,有個人問他:「你覺得下週股市會怎麼樣?」塔勒布回答:「我相信下週市場上漲的機率很高,上漲的機率大概是70%。」

到了下週,那個人卻發現塔勒布大量賣空標普500指數基金,所以就去質問塔勒布為什麼耍他。塔勒布解釋說,確實有70%的機率會漲,但漲幅可能只有1%,而有30%的機率會

跌,所對應的跌幅卻是10%。

你可以簡單地計算一下數學期望值:70%×1%＋30%×(-10%)＝-2.3%。

賣空基金盈利的機會更大,所以塔勒布選擇賣空標普500指數基金,而這是基於「期望值理論」做出的決策——期望值＝機率×期望收益。當期望值大於0的時候,這就是一個值得投資的項目。

所以,你在決定投資的時候,需要考慮兩個變數:機率和期望收益。機率和期望收益幾乎是聰明的投資者使用頻率最高的決策工具。

2. 關於創業

早期的創業項目的失敗率很高。根據統計,只有30%的初創公司能夠活過5年,因此VC(風險投資公司)投出的項目失敗率可以說高得驚人。創業成功是小機率事情,失敗是大機率事情。據研究,90%的司機覺得自己的開車水準比平均水準高,這種高估自己能力的想法,在創業圈子裡尤甚。

市面上那些受眾人追捧創業成功的大佬們,不過是「倖存者偏差」的體現,而他們背後成千上萬個慢慢消失的創業者只是並不為人所知罷了。如果你看到別人創業成功,也急急忙忙地加入創業大軍,那麼並不會提高成功率。

既然創業是一個小機率成功、大機率失敗的事情,那你是

否要規避創業呢？我認為，你要規避的不是創業本身，而是毫無「機率思維」的無腦創業。創業其實是一個試錯和求解的過程。你嘗試解決市場上的一個問題，並且為此付出時間、精力和金錢。

首先，你要考慮的是，為什麼需要你來解決那個問題？市場上是否已經有人給出了完美的解決方案？

前幾年，有個朋友問我能不能找到人幫忙開發一個App，因為他想創業，用一個專門的App來銷售一個代理的品牌。說實話，我當時覺得他的創業想法很不靠譜，因為市場上已經有現成的電子商務解決方案了，比如天貓、京東等。他自己開發一個App來售賣東西，不如直接入駐天貓和京東開網店，它們不僅可以給他「引流」，而且可以讓他節省很多運營成本。但他執意要找人開發自己的App，結果可想而知，一年不到這件事情就黃了，而且他還背上了債務。

如果你的創業點子並沒有真正地解決一個問題，或者在市場上有更優的解決方案，你就應該放棄這種小機率成功的創業。

其次，儘管創業成功率低，但是一旦你決定創業，就應該做一個連續創業者。一次創業成功的可能性很低，但是如果你一直在創業，並且在每次創業失敗之後都能活下來，願意反思，總結經驗，那麼往往能在下一次創業的過程中有更強的洞察力、更優質的人脈及更強的融資能力，這些都能夠提高創業

成功的機率。

如果創業是你的選擇，你就要接受它是一件小機率成功的事情。真正可怕的不是事情的小機率，而是你不去追尋機率的提高，卻甘於在原地踏步甚至後退。

3. 關於生活

你的生活充滿了隨機性，你遇到的朋友、同窗、伴侶等，事實上都是隨機性使然，甚至一個人的生老病死，從機率的角度來看，其實都充滿了不確定性。

有一對雙胞胎，在2008年金融危機的時候一起大學畢業，一個人加入了互聯網公司，另一個人進入了央企報社。10年後，去互聯網公司的那位已經年薪百萬，而且有很多獵頭挖他；去報社的那位，因為傳統媒體沒落了，整個產業都在快速衰退，一家家報紙停刊，一切都需要重來。如果他們能在當年分析一下世界的發展趨勢，也許能夠做出更好的決策——選擇在未來更有前景的職業，而不是固守於當下而言的優勢職業。

所以，面對生活的不確定性，首先你要觀察未來的趨勢，以提高獲得最優選擇的機率。其次，你還要試著做一些正確的事情來對沖未來的風險，從而降低壞事情發生的機率。

舉個例子，過去我對保險一直沒有概念，甚至有一些錯誤的認知，感覺那是一場騙局。隨著我對世界不確定性的認知增加，我深刻地意識到，一旦意外出現，就會給我的生活帶來

巨大的破壞。所以，我決定去買重疾險，就是因為我不知道壞事什麼時候會發生，我要利用保險這個工具來對沖壞事情的影響。

在健康上，你不能保證自己永遠不會生病，但是可以積極鍛鍊，養成健身的習慣，從而降低身體患病的機率；在學業上，你無法保證一定能上什麼學校，但是只要願意努力，就一定可以提高上好大學的機率；在愛情上，你不能確定一定能遇到誰，但是當不斷進步、追求優秀時，就有底氣遇到那個更好的人；在事業上，你不確定能否一帆風順，但是越專注於工作成了專家，就越能在某個領域遊刃有餘。

在生活中，穩定從來不是常態，唯一不變的是變化。面對生活中的變化，真正聰明的人更願意積極生活，努力專注於所做的事情，從而提高自己想要的人生出現的機率。

如何追尋機率的提高

既然不確定性就是世界的本質，那你該如何像有智慧的人那樣追尋機率的提高呢？

1. 培養「二階思維」

在生活中，很多人總傾向於看短期的結果，無法把問題放在更長的時間線上來思考。可是絕大多數時候，短期的結果未

必能持久,甚至可能帶來新的問題和煩惱。頭痛醫頭,腳痛醫腳,但是問題的根本卻從來沒有觸及。

所謂「二階思維」,就是遇事多想一步——

- 如果我這樣做,會得到什麼結果?
- 如果得到了這樣的結果,隨著時間的推移,在未來又會引發哪些新的結果和可能性?

當總是能夠在一條更長的時間線上思考各種可能的結果時,你就能夠把問題考慮得更全面,考慮到更複雜、更長遠的可能性,並據此做出選擇和決策。

學會二階思維,就是在提高決策有效性的機率。任何事情的結果往往都是不確定的,它的多種可能性需要一個人費力地思考、琢磨,這本身就非常反人性,但這也正是聰明和平庸之間的差別。你要接受這種不確定,然後利用「二階思維」思考各種可能性,從而鍛鍊全面思考問題、解決問題的能力,提高好結果出現的機率。

2. 延長自己的故事線

如果你去澳門賭場賭博,基本上最終都會輸光,因為賭場擁有的資金量遠大於個人。如果彼此的輸贏機率一樣,那麼在某個階段,由於某種偶然性,你的錢全部輸了,這場遊戲就

結束了;如果你的資金量和賭場一樣,你就可以持續玩這個遊戲,輸掉的錢就有可能贏回來。

比如,你現在玩扔硬幣遊戲,一開始硬幣落下後哪一面朝上是偶然的,有可能連續10次都是正面朝上的,但是只要你一直扔,扔1,000次、10,000次,正反面出現的次數就會越來越接近,最終統計出來的機率將接近50%。從短期來看,結果充滿了偶然,但是從長期來看,又呈現出了某種必然。

你的故事線很短,對方的故事線很長,那你的失敗是必然的。所以,面對不確定性、偶然性可能導致的風險,你要透過延長自己的故事線來對沖,這樣一個人的獲勝機率就提高了。

有這樣一個故事:
有個人從小就想擁有一架直升機。
好消息是,他實現了這個願望,有一天擁有了自己的直升機。
壞消息是,當他第一次飛行的時候,飛機出了故障。
好消息是,他帶著降落傘跳下飛機。
壞消息是,他跳出來之後,降落傘打不開。
好消息是,他跳下來的正下方有一個巨大的草堆。
壞消息是,草堆上有一把叉草的鐵叉子。
好消息是,他正好沒有碰到那個鐵叉子。

如果這個故事只有一段——這個人擁有了直升機，那這是一個勵志的故事，因為他成功地擁有了自己想要的東西。但是再往下，如果故事在飛機出現故障那裡戛然而止，這就是一個飛行失敗的悲慘故事。給這個故事每加一段就是一個新的故事版本，而在不同的版本裡，每一個好消息背後都有一個壞消息，在壞消息之後又有好消息，這個人的獲勝關鍵在於這條故事線的長度。

　　如果你想提高做一件事情成功的機率，就要想辦法讓自己一直留在牌桌上，盡可能延長自己的故事線。在和不確定性持續較量的棋局裡，只要你還活著，就還有籌碼，就還沒有輸。你真正要學會的是尊重不確定性，讓時間替自己磨平它們。

　　人生是由一次次大大小小的選擇構成的，而任何一次選擇都有著不同的可能性。你可以參考以下幾點在不確定的世界裡追尋機率的提高：

- 在投資的時候，利用機率和期望收益，做出最有效、最有利的決策。
- 在創業的時候，成為一個連續創業者，透過反思總結經驗，積累實力。
- 在生活中，要會審時度勢，積極生活，利用有效的工具來對沖風險。

- 養成「二階思維」習慣,懂得延長自己的故事線,重複做那些正確的事情。

　　理解機率,尊重機率,是應對世界隨機性的利器。追尋機率的提高,抓住機遇,擴大贏面,這註定是一條少有人走的路,但這條路值得你一直走下去,因為你對人生中機率這件事情瞭解得越深,你的內心就會越篤定、越從容,變得自洽起來。

找到最重要的事,不斷重複做

在《人生演算法:用機率思維做好決策》這本書中,作者喻穎正提出了一個人生演算法的公式:成就＝核心演算法 × 大量重複動作^2。他認為一個人在世界上只需要懂一些極簡單的演算法,就能過得很好。這個公式能夠讓一個人跨越智商、背景、運氣的鴻溝,提供一種廣泛、可行的解決方案。

在《原則》這本書中,瑞·達利歐也反覆提及演算法的重要性。巴菲特也曾說:「人生就像滾雪球,重要的是發現很濕的雪和很長的坡。」那個長坡就是核心演算法,很濕的雪就是大量重複動作,而滾雪球,就是一件可重複、可持續、能積累成就的事。

人生的核心演算法是什麼

我之前和繪畫的朋友聊天,她對我說她上了一門商業插畫課,老師是一個很有親和力的人。這個老師並不是專業院校出身的,而是從2014年開始零基礎學習繪畫的。她透過幾年的積累,走上了做獨立插畫師的道路,現在成立了自己的工作室,開始教別人畫畫。

在這些年裡,她從剛開始把繪畫當成業餘生活的小愛好到每天畫一幅畫並且分享到微信朋友圈,從與各個機構合作設計插畫到根據自己的經驗開發課程並且授課,這一路走得很穩,也很快。她的課程既有線上的,也有線下的。以線上課程為例,每年開4期課,按每期課程最低1,000元的價格計算,招收200個學員,一年的課程收入就是80萬元,這還沒有算上她的線下課程收入,以及與其他機構的插畫合作收入。與朝九晚五上班的上班族相比,她的財富積累速度快了太多。

有的人會說談錢太俗,金錢並不是衡量人生成就的唯一標準,那我們來看一看她的生活——她獲得了很多人的認可,並且為別人成為插畫師提供了資源和幫助。她並沒有像我們想像中那樣拚命地加班工作,反而處於上課一個月,旅行一個月的狀態。她不但擁有了財富,而且擁有了自由。

她收穫了財富和自由,過上了理想的生活。在我看來,是因為她不斷地繪畫和分享,她的核心演算法就是「繪畫和分

享」。這件看起來再簡單不過的事，卻在持續地發力，成就著她的人生。

其實，核心演算法，就是你的人生中那件最重要的事。很多時候，你要麼無事可做，得過且過；要麼事太多，焦頭爛額。

在《成功，從聚焦一件事開始》這本書中，作者蓋瑞‧凱勒和傑伊‧巴帕森提到了一個核心的觀念——完成最重要的事，就像推倒第一塊多米諾骨牌。緊接著，剩下的問題都會迎刃而解。雖然前面的每塊骨牌都很小，但是每塊骨牌都能夠推倒後面的骨牌，這樣就會一塊接一塊地倒下去，所以只要碰倒一塊小骨牌，後面的骨牌就都會被推倒。

80%的結果，得益於20%的付出。這個二八法則眾人皆知，但這裡的重點是分配不公，80/20的比例實際上會有細微的調整。根據具體情況不同，它有可能是90/10，意味著90%的結果得益於10%的付出，或者70/30，又或者65/35。

對於同樣的付出，得到的結果往往並不一樣。比如，從同一個學校畢業的畢業生，他們以同樣的起點進入社會，即使付出同樣的努力，結果也並不一樣，有的人幹出了一番事業，而有的人安於平庸的生活。最重要的不是你多努力、多拚，而是找到那20%，也就是找到你的人生中那件最重要的事，然後為之拚盡全力。

找到最重要的那件事

你常常會陷入一個誤區,認為一個真正厲害的人,應該把每一件事都做好,甚至有的人為了追求高效,同時做好幾件事。事實上,你的專注力和意志力都是易耗品。如果你同時做多件事,那麼可能每件事都做得不盡如人意。正因為專注力和意志力稀缺,所以你更應該把它們放在最重要的那件事上。

一個人最重要的事是什麼呢?

第一步,你要從關鍵問題中找到你的目標。

最重要的那件事與你的人生目標有最直接、最緊密的關係,也就是說,你要給自己設定一個目標,然後從這個目標中發掘現在和未來要做的那件最重要的事。要想設定目標,就需要捫心自問,最關鍵的問題是什麼,因為只有提出一個好的問題才能得到一個好的答案。

目標應該是大而具體的,因為如果目標定得太小,你就不需要付出多大努力,因此也不會得到有重大意義的結果。如果目標定得不夠具體,你就會因為不瞭解細節而無從下手。

對於微信公眾號的創作者而言,他們的關鍵問題可能是「我怎麼能夠在3年內擁有10萬個讀者?」對於軟體程式師來說,他們的關鍵問題可能是「我怎麼能夠在5年內成為年薪百萬的開發架構師?」對於保險業的銷售人員來說,他們的關鍵問題可能是「我怎麼能夠在5年內成為百萬圓桌會的會員?」

當提出這樣的好問題時，你就得到了一個大而具體的目標。因為一個好的答案可以幫你弄清楚一些人生大方向。比如，你要往哪裡走，你的目標是什麼。

第二步，在確定目標的同時，確定優先事務。

目標就是你的所奔之地與所重之事的結合體，承載著你的規劃。有了目標，你就能夠分清楚事的輕重緩急，也就能夠確定事的優先順序。

在《刺激1995》這部電影裡，主角安迪有了越獄這個目標之後，就不會在被囚禁的時候哭泣，也不會在遭受痛苦的時候絕望，而是把所有的精力都放在如何越獄這件最重要的事上。他買一把鑿子是為了挖洞，買明星的畫報是為了遮掩牆壁上的洞，為監獄長逃稅也是為了未來出獄的時候方便偽造身分，其實他一直都在做著最重要的那件事，而最終，他越獄成功了。

當用倒推法確定目標的時候，你同時也確定了自己在那個階段裡最重要的事是什麼。這就有點像俄羅斯套娃，此刻最重要的一件事就藏在今天最重要的一件事之中，今天最重要的一件事就藏在這週最重要的一件事之中，這週最重要的一件事就藏在這個月最重要的一件事之中……所以，你可以透過推倒法來確定當下最重要的事是什麼。

一旦你確定了最重要的事，就確定了事的優先順序，就可以把日常的待辦事項清單變成一份成功清單。

生活中總會出現很多需要你處理的事，但時間有限，你的思考核心應該是哪些事是與目標相關的、哪些事是與目標無關的。著眼於目標，你就要砍掉那些「可以做但不應該做」的事，從中找出那20%，然後再從這20%中找出20%，直到找到那件最重要的事。

　　這其實就是化繁為簡的思維方式，核心就是「縮減」和「極致」。

　　過去我喜歡做很多事，比如聽書、學英語、學課程，而現在，在刻意使用這種化繁為簡的思維方式之後，我就開始不斷地逼問自己，簡單一點是什麼？再簡單一點是什麼？要做的最重要的那件事到底是什麼？

　　基於以上這兩步，你就可以確定自己生活中最重要的事是什麼，也就確定了人生的核心演算法。你的目標不是做得更多，而是遵循「要事第一」的原則，讓自己需要做的事更少。最高效的人，往往都只做最重要的事。

不斷地重複使用自己的核心演算法

　　「人生演算法」公式的後半部分是「大量重複動作[2]」，指的就是不斷地重複做一件事情。重複做同樣的事情，可以得到同樣的結果。重複做好事情，可以得到好結果；重複做壞事情，可以得到壞結果。同樣的道理，你重複做那件最重要的事

情,就可以獲得最有意義和最有價值的成就。

你一旦確定了那件最重要的事情,接下來要做的就是重複做它。可是很多時候,重複做某種蠢事很輕鬆,重複做一件有價值的事卻很難。想要不斷地重複做那件最重要的事,可以參考以下建議:

1. 為做最重要的事預留時間段

陽光只有匯聚於一點,才能燃起火焰,而預留時間段能夠把你的精力集中在做最重要的事情上。它是高效生活最有力的工具。

所以,你要看一看自己的日程,把所有的時間集中起來完成優先事務。你可以每天騰出幾小時來做那件最重要的事情,把它變成一個習慣。在這個時間段裡,其他事情(比如打電話、看微信、發消息、開會等)都必須繞路。

以我的經驗,最重要的事情最好被安排在上午甚至一大早完成。

我一般會把早晨6點到8點半作為預留時間段。在這段時間裡,我會關閉手機,在安靜的環境裡,做與我的目標相契合的最重要的事情。比如,圍繞本週的主題開始思考,查資料,閱讀和寫作。

你一旦在預留時間段裡高效地把最重要的事情做好了,這一天就變得有意義了。

2. 在重複的過程中反思

重複並不只是指機械式地重複一個動作，還包括能夠在重複做一件事情一個星期、一個月、一年之後，願意停下來反思一下。反思的目的在於審視自己當前的位置和目標的距離，獲得回饋，進而調整「核心演算法」，讓它不斷反覆運算。

如果大量重複動作幾個月之後，你發現沒什麼成就，那麼很可能是因為你的「核心演算法」本身有問題。你要重新思考自己的目標是否合理、最重要的那件事是否真的如此重要，進一步修正、添加、刪除一些目標，重新確定優先事務，然後繼續重複試錯。

當做好了最重要的那件事情時，你就推倒了那塊最重要的多米諾骨牌，而重複的過程，就是整個多米諾骨牌一塊接著一塊被推倒的過程。比如，一個人跑步，每次的速度與距離都差不了太多，但每重複一次，身體和意志都受益一次。

重複的過程，就是刻意練習的過程。在這個過程中，回饋讓你的核心演算法不斷反覆運算，而大量重複動作讓你積沙成塔，獲得最大的成就。你不斷地重複使用自己的「核心演算法」，就會始終走在正確的方向上，形成人生的正循環。

找到最重要的事，然後重複做它，這就是一個人的「繁盛之路」。 在年輕的時候，你有很多想做的事情，總喜歡試試這個，玩玩那個，這樣的試錯無可厚非。可是，你一定要明白，

在有限的生命裡，只有專注地做一件事情，才能夠真正地把它做好。把有限的時間和精力用在那一兩個你認為最重要的夢想與目標上，才能有機會真正地實現。

跨越智商、背景、運氣鴻溝的人生演算法，就是找到最重要的事，然後不斷地重複做它。對於無價值的事，一再重複做，你就是一個無價值的人。對於有價值的事，一再重複做，你就是一個有價值的人。

把一件事做到極致

曾經有一段時間,我為了在工作上有所突破,找了一個在職業領域裡非常資深的老師作為教練。每週日她都會帶著我一起對專業技能進行探討和練習。

有一次課程結束後,她對我說:「你在上完課之後並沒有太多輸出和總結,如果認為上完課就算完事了,那麼在個人技能和思維上的提升也就只局限於課堂上,這其實是很不划算的。」說完之後,她把另一個學員的筆記給我看:課程要點都一一記錄了下來,除此之外還有自己的分析和總結,特別是針對那些與老師的想法不一致的地方,他做了以下進一步的思考:

- 為什麼老師能夠想到而自己想不到?
- 老師是如何想到的?

- 怎麼才能讓自己在面對類似問題的時候做出與老師類似的思考？

看起來學習只是一件很簡單的事，上課好好聽講，課後好好練習就行了，但是與那些把事做到極致的人相比，我往往就差得不是一星半點了。比如，學生時期的那些「學霸」，看似你和他們一樣在好好學習，可事實上，你的做到和他們的事成之間，隔著許多思考和付出。而那些能夠在某些事上做出一點成績的人，往往都懂得把一件簡單的事做到極致。

把事做到極致是什麼樣的

做完一件事很簡單，但能夠把一件事做到極致，卻不見得容易。那怎樣才算把一件事做到了極致呢？下面舉幾個例子，讓大家感受一下別人是如何把一件事做到極致的。

把反思做到極致

如果要我給你的生活提供一個具體可行的建議，那麼我會毫不猶豫地建議你養成每日反思的習慣。顧名思義，每日反思就是每天都要反思你的言行舉止，反思生活裡遇到的人和事。這個習慣看起來很簡單，你可以在每天晚上記錄一下自己都做了什麼，看一看哪些做好了，哪些沒做好，可以如何改進，更

簡單一點，你可以只在睡前想一想自己都做了什麼。

儘管我把每日反思的習慣推薦給了很多人，但真正去做並且做得很好的人寥寥無幾。很公平，他們的生活並沒有發生太大的變化。如果你希望自己有大的改變，就要把養成這個簡單的習慣做到極致。

成甲在《好好學習：個人知識管理精進指南》這本書中非常推崇反思，在培養反思能力的時候，會從以下三個方面著手：

- 從小事突破，深入思考。
- 把生活案例化處理。
- 培養寫反思日記的習慣。

成甲認為，高水準的反思，能夠持續地從日常工作、他人經歷和書籍案例中找到提升自己和提高工作效率的方法，可以讓自己處於持續改進的狀態。為此，他要求自己和公司的員工從小事突破，深入思考。

比如，他看到一個觀點：一個人獲得信譽要從履行每一個小的承諾做起，而大多數人很容易忽略在日常生活中隨口承諾的事情。這個觀點觸動了他，因為他過去從來沒有把日常隨口答應的事情看作承諾。於是，成甲在反思內容中增加了一條：檢查承諾。

他要求自己每天回憶昨天答應過別人做什麼事情，並透過檢查自己的簡訊、電話、郵件、日記來幫助回憶，而且在日記中提醒自己注意兩件事情：

(1) 答應別人的事情，盡可能第一時間記錄下來，避免遺忘。
(2) 不輕易給出承諾，確信自己有能力做到再答應。

一天晚上，他在公司加班開會的時候收到了一條簡訊，朋友讓他幫忙找某電商平台的管道負責人。他當時想了想，便一口答應幫忙問問。第二天在對「檢查承諾」進行反思的時候，他就安排時間去聯繫朋友詢問情況，結果問了好幾個朋友都不認識。在第四天的時候，他只好給朋友回覆簡訊說：「不好意思，我答應幫你問的人沒問到。但是，有朋友有另一個電商平台的管道資源，不知道你是否需要，如果需要我幫你聯繫。」結果發完簡訊沒多久，他就接到了朋友的電話。朋友說群發了幾百條簡訊，成甲是唯一過了這麼久仍然在幫他留意這件事的人！

把反思這件事做到極致，就要像成甲那樣，願意花時間把生活的點滴細節管理好，願意審視自己人生的每一個值得思考的角落，因此他也管理好了自己的生活。

Costco：把效率做到極致

Costco（好市多），被亞馬遜創始人貝佐斯稱為「最值得學習的零售商」，被查理・芒格稱為「最想帶進棺材的企業」。近十幾年，金融危機和互聯網電商的崛起考驗著線下零售，無論是行業霸主沃爾瑪還是巨頭西爾斯、塔吉特、百思買，在經營和股價上都經歷了「雙降」，但是Costco在2006到2016年之間股價卻上漲了5倍，逐漸成為一家成熟的零售公司。Costco如今是美國第二大零售商，全球會員超過9,000萬人。

為什麼Costco能夠在經濟大環境不佳的情況下，銷售業績仍然增長強勁？其中很重要的一點就是Costco把效率做到了極致，從而大大地縮減了成本，讓利給了消費者。

比如，在利潤這一環，它有兩條鐵律：

- 所有商品的毛利率不超過14%，一旦超過這個數字，就需要向CEO彙報，再經董事會批准。
- 對於外部供應商，一旦發現商品在別的地方價格更低，該商品就將永遠不會再出現在Costco的貨架上。

正是對這兩條鐵律的嚴格執行，Costco的商品價格才會一直維持在一個低價水準，從而給消費者一種買到就是賺到的體

驗。

此外，Costco拒絕像其他超市一樣給消費者提供多樣的選擇，並且所有的商品都是大包裝量販式。Costco最大限度地砍掉了中間環節，因為採購量巨大而降低了採購成本和庫存成本，從而讓庫存周轉天數減少，平均只有29.5天，低於沃爾瑪的42天。

這種極致的低價，來自對效率極致的追求，把效率做到極致讓Costco成為零售業的一匹黑馬。

由此可見，把一件事做到極致，不僅是簡單地把一件事做完，而且要帶著對一件事極致的敏感和熱情，踏實地把事做好和做精，達到別人無法企及的高度。把事做到極致必然不易，否則這個世界上的成功者就太多了，顯然不符合二八定律，但也正因為它的不容易，那些真正做到了的人和組織反而能從平庸中脫穎而出，獲得超額回報。

極致踐行能給你帶來什麼

在把事做到極致的過程中，你必然要付出大量的時間和精力，必然要積極主動地思考和行動，更需要持續的篤定和堅持。當把一件事做到極致的時候，你就能從中獲得人生中極為寶貴的成功籌碼。

1. 專業能力

在這個時代，很多人想做「斜槓青年」，卻從來不願意把一件事做好。也正因為心猿意馬，所以很多人在時光的消磨下，並沒有成為一個有一技之長的專業人士，反而做什麼事都是「半吊子」，根本沒法凸顯自己的獨特優勢。那些在職場上獨當一面的人，哪一個不是因為具備專業能力而備受青睞？沒有兩把刷子，沒有把一件事做到極致的狠勁，你就很難造就自己的專業。

什麼叫專業？在英文中，專業有一個對應的單詞——professional。它的核心意思就是以一種超乎功利的、忽略回報的投入精神去做某件事，將其做到極致。

反過來說，當把一件事做到極致時，你自然會對這件事相關的細節和知識瞭若指掌，並且在不斷實踐的過程中，把技能磨練到爐火純青的程度。只要你在任何一個領域中達到了專家的程度，就必然在這個世界上佔有一席之地。

2. 深度思考能力

那些敷衍了事的人，連動都不願意多動，讓他們主動思考就更難了。當要寫一份報告的時候，把事情做完的人擅長複製、黏貼，而把事情做到極致的人卻願意深入研究、仔細分析。當要瘦身減肥的時候，把事情做完的人只會痛苦地節食和

運動，而把事情做到極致的人卻會早睡、早起、多運動，把身體當成一個系統來思考，培養良好的生活習慣。

如果你準備把一件事做到極致，就必須主動地思考以下幾個問題：

- 如何才能把這件事情做好？
- 如何把一件事情從做完到做得圓滿？
- 除了現在做的事情，我還可以做什麼事情讓結果更好呢？

這時的你其實按下了深度思考的按鈕，讓大腦主動地尋找更好的選擇、更優的方案、更快的路徑。

3. 成事的信心

在很多時候，我們都容易做事半途而廢，從而草草地得出一個自己不行的結論。因為很少有做成一件事的經驗，所以我們很不自信，不相信自己有一個好的未來。

相反，那些願意把事做到極致的人，總是願意耐心地與時間相伴，就好像全世界都不存在，只有自己和自己正在做的事。在把事做到極致時，他們的內心平靜而充實，聽一個音符，就像音符裡包含整個宇宙，寫一行程式，就像在構建一個新世界。最終，他們除了做成了這件事，還獲得了一種對自己

能做成一件事的信心。

　　心理學中有一個概念——自證預言，說的是一個人會不自覺地根據自己的言行舉止來印證自己。比如，有的人認為自己不是讀書的料，所以即使有時間也不會好好學習，結果讀書就真的不行。把一件事做到極致，其實就是在累積對自己成事的信心，因為你過往的成功經驗和行為舉止一直在內心提醒你，你是可以做好一件事的。

　　比如，寫作，為了盡我所能寫到最好，我會反覆地思考選題，努力地尋找素材，即使在無從下筆的時候，也堅持，不放棄。這個過程當然不會太愉快，但是我卻能保持耐心，磨練意志，漸漸地形成了自信心，在任何困難面前都能保持淡定，這就是我把一件事做好、做到極致的最大收穫。

　　把簡單的事做到極致，其實最有價值的東西不是那件事情的結果，而是你在這個過程中收穫的那些看不見的東西：

- 專業能力。
- 深度思考能力。
- 成事的信心。

　　這三個方面的特質中的任何一個都不容易獲得，但是一旦你願意把事做到極致，就能一舉多得，何樂而不為呢？

如何把一件事做到極致

只要你願意傾盡自己的時間和精力，傾盡自己的思維和智慧，把一件事做到極致，就能在這件事上獲得其他人沒有的成就。也許你資質平庸，沒有建立豐功偉業的機遇，但依然可以利用自己有限的智慧、能力和精力，盡力把自己內心真正喜歡的事做到極致。

到底如何把一件事做到極致呢？

1. PRE 迴圈

PRE 迴圈是海盜派方法學創始人邰曉梅老師在技能提升方面教給我的一個學習方法。

P：Practice（練習）

對於任何事情，只要你做得多了，就會越來越熟練，這就是刻意練習的效果。比如，你開車，開得越多，走一條路的次數越多，就越熟悉，開車的效率越高。所以，主動地做事並且刻意練習和實踐非常重要。這是自我提升的基礎。

R：Reflect（反思）

如果你只是一直做，卻不進行任何思考，那麼不會有任何改進，做的事就只會停留在一個水平上。你只有對所做的事進行有意識的反思，才能看到自己哪裡做好了、哪裡沒做好，並且還要自我「拷問」為什麼沒做好，這樣才能找到改進和提升

的空間。

E：Explicate（總結）

很多人會主動做事，也會時常反思，卻不會做總結，所以在下一次做同一件事的時候，還是按照原來的套路行事，結果就可想而知了。反思之後要做好總結，時常回顧。這會讓你在實踐中獲得的智慧得以沉澱和提煉，從而為下一次的PRE迴圈做好準備。

PRE迴圈不是一個一次性的做事過程。你要透過一次次PRE迴圈來實現反覆運算和優化，讓能力越來越強，做事越來越好。

在做任何一件事的時候，你都可以在做好一次次PRE迴圈的過程中，將它做到極致。

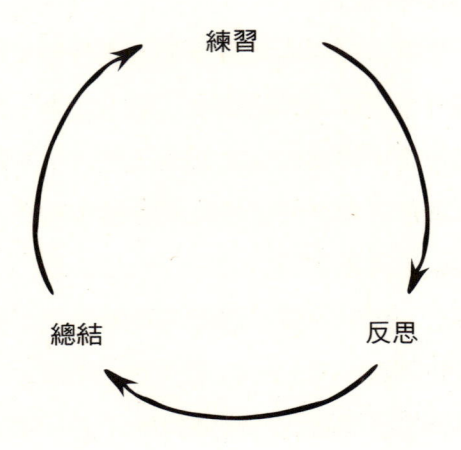

練習 → 反思 → 總結 → 練習

2. 保持正念

　　一位行者問一位得道者：您在得道之前都幹麼？

　　得道者答：劈柴，擔水，做飯。

　　行者又問：那您在得道以後都幹麼？

　　得道者答：劈柴，擔水，做飯。

　　行者再問：那您是怎麼得道的呀？

　　得道者答：我在得道以前，在劈柴的同時，要想著擔水，還要想著做飯，而在得道以後，劈柴是劈柴，擔水是擔水，做飯是做飯。

　　在這樣一則小故事中，你能感受到正念之於所做的事多麼重要。

　　正念，其實就是一種心無旁騖的狀態，心裡裝的事很少，甚至心裡只有當下要做的那件事。這時，因為心裡只有那件最重要的事，所以你會聚焦於它，把所有的注意力都投入其中。一旦注意力聚焦了，把一件事情做好的機率就變大了。簡單來說，當能夠把注意力放在自己的一呼一吸之間時，你就能夠將覺知帶入當下的時刻，這個狀態就可以被稱為「正念」。

　　想要做成一件事，最大的阻礙就是你的雜念。在小時候，大人常常會教導你，該玩的時候好好玩，該學習的時候好好學習，但是真正能夠做到的人並不多。很多人都在看書的時候聊

天,在跑步的時候聽歌,你的內心有太多想要的東西,以至於根本沒有辦法專注地把當下的那件事做好。

只有把心清空保持正念的人,才能夠把一件事做到極致。比如,在奧運會賽場上,很多人的技能水準是相當的,所以最後比拚的往往是心態。有的人把內心的雜念都清除了,就擁有了一個好的心態,能夠冷靜思考,集中精力盡己所能,所以發揮出自己的水準是自然而然的事。

把有限的注意力放在真正重要的事上,道理大家都懂,但是在實踐中,往往就會發現並不容易。知道是一回事,真正去做又是另一回事,知易行難,始終是生活的一道門檻。也正是因為難,所以那些能夠掃除內心雜念,內心回歸平靜的人,總是可以更高效地把當下的事做好,也總是能夠抓住身邊的每一個機會。

保持正念,就是主動地將覺知帶入你正在做的那件事上。

在很多時候,你總是想要做大事,對於那些小事往往不屑一顧。可是,如果你連做小事都敷衍了事,怎麼可能把一件大事做好呢?其實,完成一件小事,就是一個建立信心的過程。小到洗碗拖地,洗衣晾曬,步行健走,其實都帶有一點點困難,都需要克服一點點懶惰,但是一旦你心平氣和,集中注意力完成它們,就獲得了一個完整的正念體驗,而在這個過程中,你刻意訓練了自己的覺察力,同時也體會到了內心清空之後的耐心。

這種持續的正念體驗和刻意練習，會讓你把聚焦注意力變成一件可控的事。你一次次地專注，一次次地達成所求，最終也就把「極致地做好一件事」變成了一個習慣。習慣的力量是非常強大的，當你的大腦神經已經形成了做好一件事的閉合迴路時，你做成一件事的機率往往會增大很多。

NPP（Non-Profit Partners，公益夥伴）的創始人陳宇廷在一次採訪中說，有一個很容易的方法能夠讓自己平靜下來——可以進行深度的腹式呼吸，深吸一口氣，然後慢慢地吐出去，每次呼氣或者吸氣的時候，都在心裡數10、9、8、7、6、5、4、3、2、1，這樣數10次人就平靜下來了。他這裡提及的方法，不正是讓你進入正念的方法嗎？

在《正念的奇蹟》這本書中，一行禪師給了一個建議，就是你可以給自己安排一個正念日——在一週內挑選一天的時間，在這一天裡時刻提醒自己保持正念。怎麼做呢？就是從起床的那一刻起，你就要主動關注和意識到自己正在做的事。比如，你在刷牙的時候，能夠感受到此刻在刷牙，在吃飯的時候知道正在吃飯。你需要時刻用一個觀察者的身分覺知和感受正在做的事。當這樣做的時候，你就是在保持正念，鍛鍊自己保持正念的能力。

真正的人生成就，屬於極致的沉醉者。有這樣一類人總是讓我很佩服。對於一件別人看起來很簡單的事，他們總是一直堅持做，而最後往往都能做出點成績。**做自己不能做的事叫成**

長,做自己不敢做的事叫超越,做好自己目前力所能及的每一件事,並將它做到極致,就是一種自我肯定。

馬丁・路德・金恩在演講中多次引用一首詩,我非常喜歡,在這裡分享給你:假如你命該掃街,那就掃得有模有樣,一如米開朗基羅在畫畫,一如莎士比亞在寫詩,一如貝多芬在作曲。

演算法篇

構建穩定的內核

「內卷化」的生活，如何破局

「內卷化」：
長時間停留在一種簡單的自我重複的狀態

把自己鎖死在低水準狀態裡循環往復的狀態，用現在流行的一個詞來說，叫「內卷化」。

「內卷化」，原本是社會學家觀察到的一個現象，是指一個社會長時間停留在一種簡單的自我重複的狀態。

20世紀60年代末，美國人類學家利福德・蓋爾茨把「內卷化」這個詞引入了社會生活領域。他發現印尼爪哇島人口眾多，大家都種植水稻。隨著勞動力的增加，人們的耕種更加細緻。在他的眼裡，人們耕種收割，日復一日，年復一年，生態

農業長期停留在一種簡單重複、沒有進步的輪迴狀態。簡單地說，就是蛋糕依然那麼大，吃蛋糕的人數增多，儘管換著花樣分蛋糕，但吃到蛋糕的難度還是增加了。

我在上中學時在書上看到過這樣一個故事：一個人在村裡碰到一個放羊的小孩，小孩說他的生活就是放羊，等長大後生孩子，孩子長大後繼續放羊。這就是「內卷化」的一個例子，我們被困在這樣一個低層次的生活裡，不斷地自我重複。

更貼近我們生活的是，日常工作中的「內卷化忙碌」。有的人真的很忙，在忙著做事的同時能力不斷地提升，而有的人則瞎忙，只是簡單地重複做同樣的事情，忙了半天也沒有弄出什麼名堂，後面那種忙，就可以被稱為「內卷化忙碌」。

你在工作中肯定會有「內卷化忙碌」，天天忙於開各種會議，為了趕進度，加班加點，今天在趕昨天的活，一個人做多個人的事，結果忙到沒有時間學習，沒有時間改進方法、提高效率。在這樣連續幾天的加班之後，你又開始處於一種需要休息調整的狀態。這時，你會找各種藉口，把事情往後拖，結果當別人來催你的時候，你又開始進入下一個加班週期，奔波忙碌。

可是，你從來沒有意識到，這種周而復始的繁忙狀態只會讓你陷入一種高效率的假象中。你的工作並沒有因此變得出色，反而因為緊張忙碌而漏洞百出。無論是你的能力還是工作狀態，都鎖死在這樣無效重複的循環裡。最終，你陷入了

那個「越窮越忙，越忙越窮」的怪圈，在日復一日的自我重複中消耗自己。在很多實行「996」工作制的公司裡，大家你追我趕，每天都加班到凌晨，工資卻還是最初那麼多，結果大家進入了一種「內卷化」的競爭。薛兆豐老師曾說過：「讓你『996』的不是你的老闆，而是其他願意『996』的人。」

「內卷」現在成了一件越來越普遍的事情，就像捲心菜，始終在原地卷自己。在生活的「內卷化」越來越顯著的情況下，在整個社會還沒有出現新的變化之前，你該如何跳出簡單自我重複的圈層，實現人生的躍遷呢？

對抗「內卷」：在持續行動中反思

當面對生活中的「內卷化」時，你首先要做的不是自怨自艾，而是反思自己當下的思維方式和行為習慣。如此，你才能自我成長、自我進化，避免被捲入無效的低水準重複中。

我有一次和朋友吃飯，他剛剛跳槽到一家新公司，在原來的公司鬱鬱不得志的狀態一去不返，整個人樂觀、積極了起來。在聊天的過程中，我能夠明顯地感受到他的思維方式有了很大的變化，細問下來，才知道他這一年一直在閱讀，發現了自己過去很多錯誤的認知，所以一直在思考，在改變。

在成長的過程中，最重要的就是實踐、行動。在工作和生活中，有很多人想到了卻做不到。當看到有人做到了他們沒有

做到的事情時，他們往往會酸溜溜地說：「我早就想過這麼做了。」可是，這種沒做到卻又以為自己能做到的自欺欺人的心態，往往就會造成認知的停滯，讓他們停留在舒適區裡一再重複錯誤的習慣。

如果你處於一片黑暗森林中，迷失了方向，天已經黑了，這時你想要走出去，該怎麼辦呢？有的人可能希望找到這個森林的地圖，然後參照手裡的地圖走出森林，這可能嗎？存在這樣一張讓你全面瞭解森林佈局，讓你能夠避開毒蛇猛獸的地圖嗎？其實，真實的處境就是，你的手裡並沒有這樣一張地圖，也沒有人會給你送上這樣一張地圖。這就像很多人希望別人能夠給自己一張生活中的認知地圖一樣，希望按照地圖的指示就可以一步一步地收穫幸福的生活。可事實上，這個世界上根本就不存在這樣一張認知地圖，也不會有任何人能夠給你提供這樣一張認知地圖。

你要想走出黑暗森林，就必須試錯，打開自己的手電筒，觀察周圍的環境，然後試著找到一個行動的突破點。比如，你聽到了水聲，就可以順著水流的聲音往前走，碰到了岔道口，就需要觀察天上的星星試著辨別正確的方向，這樣你才能夠一步一步地走出黑暗森林。換句話說，你需要一步一步地行動、試錯，然後透過這個過程中的思考來對行動的方向和節奏進行調整。

所以，認知升級的最重要的工具就是行動中的反思。之所

以行動中的反思可以對抗「內卷」，是因為你可以透過反思走出原地打轉的困境。你不僅要透過行動獲取認知，而且要在行動中反思自己獲得的認知，去偽存真，改進行動，然後真正地讓認知升級。你只有獲得了比別人更強的認知，才有可能避免捲入一場毫無意義的人為競爭，進而在生活中做出正確的選擇。

在日常的工作和生活中，你可以在每天晚上反思一下當天所經歷的事情：

- 想一想在哪個方面做得好，總結出好的行為習慣，然後堅持做。
- 想一想在哪個方面做得不好，然後反思一下以後遇到類似的情況應該如何處理。
- 記錄下自己的心得體會，然後在第二天反思的時候，看看自己是否有所改進。

隨著日復一日地反思，你會在某一天發現，自己做事情做得越來越好，犯的錯誤越來越少，整個人呈現出了更自信、更積極的狀態，這時你就脫離了所謂的「內卷」。

打破「內卷」：提升個人的思維層次

很多人的「內卷」來自從眾，他們完全沒有認識到自己真正的價值所在，更分不清自己人生裡的輕重緩急。比如，別人加班了，你也加班，別人家的小孩練琴了，你也要給自己的小孩報班，結果就進入了「內卷化」的陷阱。

想要真正打破「內卷」，關鍵之一就是拓展出新的人生視角，打開一個全新的人生格局。

愛因斯坦曾說，這個層次的問題，很難靠這個層次的思考來解決。比如，你把手掌放在燈光裡，牆上會出現你的手掌的影子，而你只有改變手掌的姿勢，才能真正改變影子的形狀。也就是說，想要改變二維平面的影像，就要上升一個層次，在三維空間做改變（改變手掌姿勢）。這其實就是一個升維解決問題的過程，而這個過程其實就是一個創新的過程，改變自身看問題的視角。你要想跳出「內卷化忙碌」的怪圈，就可以使用思維層次模型來提升思維層次，從而快速破局。

在前面的文章《尋找人生中的「阻力最小路徑」》中，我們提及了認知系統的思維層次。

思維層次，從上到下依次是價值觀層次、能力層次、行動層次、環境層次。

當提高自己的思維層次去看問題的時候，你往往能夠找到問題的根源，然後實現人生的破局。比如，有的人生活窮困，

大部分時候都只是從環境和行動層次上思考，認為大環境不好，個人的努力還不夠，所以就陷在自怨自艾的情緒裡，或者一個人幹好幾份工作，但這樣的思考和行動並不能讓他真正地擺脫貧窮的困境。

如果他可以提升到能力層次和價值觀層次思考，就會這樣想問題：

- 到底擅長做什麼，有什麼樣的優勢？
- 借助對自身優勢的認知，該學習什麼，積累什麼能力？

透過對自身優勢的挖掘和能力的培養，他就能夠構建核心競爭力，擺脫貧困生活就是一件水到渠成的事情。當能夠在更高的層次思考問題的時候，他就擁有了「降維攻擊」的能力，可以從眼下的困局中跳出來，以一種全新的方式來看待世界，原來的問題就迎刃而解了。

如果你準備投資理財，不妨先系統學習投資知識，從更長的週期考慮收益，這樣才有可能獲得穩定的複利。如果你準備學習成長，不妨先瞭解自己，確定一個長遠的目標，給自己一步一步腳踏實地踐行的動力。如果你在工作中遇到難題，不妨從自身優勢出發，從更長遠的職業生涯規劃來思考，給自己一個明確的方向。

你只有提升思維層次，才有機會跳出內卷化的生活，從自

身真正的價值觀出發，打破低效的自我重複，避免無效的競爭，完成人生的破局。

超越「內卷」：尋找人生發展的第二曲線

不管是個人還是企業，都很容易停滯於原有的運行軌道中，甚至稍不留神就開始走下坡路。「內卷」的一個特點是僵化，你待在原有的圈層裡，看似在不斷地努力，不斷地精進，其實都在做一些無效的自我重複。這時，超越「內卷」的關鍵就是創新，透過找到新的人生賽道，拓展自身能力圈，從而走出當下的囚徒困境，獲得再次發展。

這個真實世界裡的很多增長曲線都是「S曲線」。

剛開始，增長會迎來一個擴張期，增長速度非常快，很像

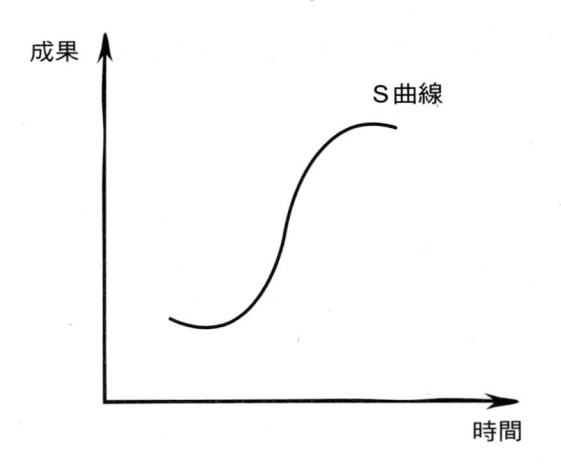

指數型增長。比如，對於一些公司而言，新產品打開銷路，用戶帶來口碑，口碑帶來新用戶，這是一個正回饋過程，是增長的第一曲線。這個高速增長有極限，增長速度會漸漸變慢，然後增長就會到達一個平台期，因為市場是有競爭的，所以發展也是有天花板的。

接下來，如果你想要繼續增長，就要發掘出增長的第二曲線，要麼開拓新的市場，要麼尋找一條新的賽道。

混沌大學的李善友老師曾經講述過美團的發展曲線。美團發展的第一曲線來自它剛成立時的主營業務——團購。當美團在「千團大戰」中脫穎而出的時候，團購業務就開啟了美團發展的第一曲線。在團購業務規模到達極限之前，美團就開始探索其他業務了，比如電影票、外賣、酒店、旅遊業務，這些都

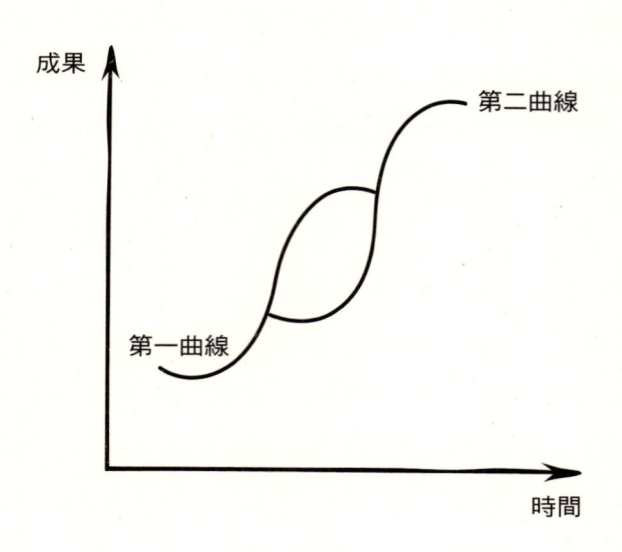

是基於第一曲線的流量挖掘的業務。

在諸多探索中，外賣業務促成了美團發展的第二曲線。面對眾多強勁的對手，美團的發展沒有停滯於第一曲線，沒有固守於已有的一尺一寸，而是在前行中不斷探索自身發展的第二曲線，讓自己持續增長。如今，美團還在探索自身發展的第三曲線，比如單車業務、網約車業務等。

對於個人而言，你也需要保持開放性，不斷地汲取知識，不斷地自我探索，從而找到人生發展的第二曲線。

在生活的各種「內卷化」之下，很多人會失去對工作和生活的熱情，感覺人生無趣、無聊。這時，你要試著尋找人生發展的第二曲線，以此來超越「內卷」。

每個人都可以培養一項自己的興趣來作為人生的第二曲線，並藉此得到一些非常有價值的收穫。在培養自身興趣的過程中，你會不斷地收穫成就感，而這些日積月累的成就感不僅會讓你在興趣領域中更自信，還會鍛鍊你的感受力和表達力。這些能力還可以遷移到工作和生活中，實現能力圈的延伸和拓展。

我在工作之外，培養了繪畫和寫作興趣，找到了自我成長的第二曲線。我的寫作結合了自己的優勢和特質，有自己的特點。在自我成長的過程中，我收穫了支持我的讀者，同時也有機會出書、授課，獲得了除工作之外的收入，這讓我有機會發展新的個人商業模式，這有別於工作一天賺一天錢的「雇員模

式」,而是更高階的「藝術家模式」,花時間一次性做出一個內容產品,然後可以賣很多次。

你想要超越「內卷」,就要敢於走出舒適區,不斷地認識自己,瞭解自己,拓展能力邊界,探索出能夠發揮自身優勢、適合自身發展的第二曲線,從而為自己建一條獨特的賽道。只有當發展出了第二條、第三條甚至更多條成長曲線時,你才不會被捲入焦慮、迷茫和競爭中,從而在這個多變的世界裡佔據一席之地。

在「內卷化」的生活裡,所有的事物都呈現出一種低水平的競爭態勢,這不免讓所有身在其中的人感到迷茫和焦慮。你要像賈伯斯說的那樣「Stay hungry, stay foolish」(求知若渴,虛心若愚),透過下面三個策略來避免長時間停留在一種簡單的自我重複的狀態,從而實現人生躍遷:

(1) 對抗「內卷」。在行動中積極反思,不斷自我進化。
(2) 打破「內卷」。不斷提升自己的思維層次,開拓人生新局面。
(3) 超越「內卷」。找到自身發展的第二曲線,在多元的成長中構建人生的護城河。

「內卷」並不可怕,可怕的是,你身在其中而不自知,被鎖死在低效的自我重複中,虛度時光。

生活的穩定來自你的反脆弱能力

有一對住在倫敦的孿生兄弟約翰和喬治。約翰25年來一直任職於一家大銀行的人事部門，有一份完全可預測的收入，享有各種福利和每年長達一個月的帶薪年假。喬治是一名計程車司機，在運氣好的日子裡能賺幾百英鎊，在運氣不好的時候，入不敷出，甚至賺不回油錢。

不過年復一年平均算下來，實際上喬治與約翰的收入相差無幾，但喬治總抱怨自己的工作不好，沒有約翰的工作穩定。你覺得誰的工作更穩定？從前面描述的情形來看，似乎是約翰。

1998年，金融危機爆發。工作穩定的約翰在50歲的時候突然失業了，這讓他一下子陷入了恐慌——在銀行工作了幾十年，他只學會了做簡單的人事安排工作，所以現在年紀大了再找工作老碰壁，除此之外，他還得面對高額的房貸。金融危機

的爆發對喬治幾乎毫無影響,他照樣開計程車,收入和過去並沒有太大差別。

這個故事出自風險管理大師納西姆・尼古拉斯・塔勒布,他得出了一個結論——越穩定的越脆弱。**當越來越依附於某一個人、某一件事、某一個組織、某一份工作的時候,你的抗風險能力就越弱,所謂的穩定是脆弱的,更像易碎的玻璃。**

遇見「黑天鵝」,是遲早的事

在17世紀之前,歐洲人認為天鵝都是白色的。所以,「所有的天鵝都是白色的」就成了一個沒有人會懷疑的事實。直到人們在澳大利亞發現了黑天鵝,歐洲人才意識到原來這個世界的天鵝還可以是黑色的。

對於「所有的天鵝都是白色的」,有數萬隻白天鵝作證,但是要推翻它,只需要一隻黑天鵝就足夠了。

風險管理大師塔勒布在《黑天鵝:如何應對不可預知的未來》這本書中總結了「黑天鵝」事件的三個特點:

- **意外性**。總是出人意料地發生。
- **破壞性**。會給生活帶來嚴重的問題。
- **不可預測性**。儘管事後可以解釋,但事前難以預測。

金融危機就是喬治和約翰生活中的「黑天鵝」，而在生活中，你沒看到「黑天鵝」，不代表它就不存在。比如，公司突然裁員，是失業人員的「黑天鵝」；家庭遭遇變故，是中年人的「黑天鵝」；投資恰逢股災，是投資者的「黑天鵝」。這個世界每天都發生著各種「黑天鵝」事件，雖然當時看起來很穩定，但是你的身邊可能正孕育著一隻「黑天鵝」。

在生活中，穩定從來不是常態，唯一不變的其實是變化本身。每一種事物、每一個行業，都遲早會迎來那隻可怕的「黑天鵝」。

脆弱的反面不是堅強

如果一個人總是追求安穩，規避風險，經不起一點點變化，扛不住一丁點挫折，那麼是脆弱的，不管是在能力方面，還是在精神方面。外界只要有點風吹草動或和預期不太一致，他可能就會方寸大亂，甚至情緒失控，更不要說遇到了難以預測的「黑天鵝」了。有的人在工作上受了一點點委屈，就心生抱怨想要離職；有的人遭遇了一次不幸，從此就一蹶不振得過且過。

在面對無力改變的外界變化時，還有另外一類人，他們擁有強大的反脆弱能力——不僅在意外面前能夠承受打擊，保持穩態，還可以在磨難中獲得成長，讓自己的能力和內心都更強

大。

「反脆弱」這個詞，是塔勒布在同名書籍《反脆弱：從不確定性中獲益》中提出來的。你跑步摔了一跤，腿折了，這很脆弱；一個玻璃杯，從桌子上掉下來，碎了一地，它也是脆弱的；一個鐵球，被扔出去老遠，沒有絲毫損傷，這叫反脆弱嗎？不叫，毫髮無損只代表堅韌，但它依然可能因為不斷遭遇打擊而破損，而希臘神話裡的九頭蛇，每次砍掉它的一個頭，它都會重新長出兩個頭。九頭蛇是反脆弱的，外部攻擊不僅不會削弱它，還會讓它更強大。

人類的進化過程其實也是一個反脆弱的過程。人類的祖先在森林裡生活，像現在的猩猩和長臂猿一樣，善於利用腳掌抓握樹枝，在森林裡蕩來蕩去。人類的祖先離開森林其實很無奈。大概三千萬年前，因為某些地質活動，非洲被撕開了一大裂縫，那個裂縫今天被稱為東非大裂谷。大裂谷東邊變得乾旱貧瘠，森林變得越來越少，而草原越來越多，沒有了取之不盡的水果和嫩葉，這使得人類的祖先被迫從森林中出走。

由於草木茂密而不得不站高遠眺，因為有猛獸攻擊所以要不停地奔跑，在對抗這些風險和波動的過程中，人類的祖先漸漸進化出了直立行走的能力。直立行走讓人類的祖先將前肢解放出來，製造和使用工具，進而更好地適應外界變化。正是這種極其惡劣的環境，讓人類的祖先透過自身的反脆弱性，獲得了更強大的能力，從而走上了和其他生物不同的進化道路。

禍兮福之所倚，福兮禍之所伏。當事事順利，穩定安逸的時候，一旦「黑天鵝」出現，你可能就會遭受重創。相反，當遭遇重大挫折的時候，可能正是你停下來思考，找到新方向的契機。**這就是塔勒布所說的「反脆弱性」：有些事物能從衝擊中受益，當暴露在波動性、隨機性、混亂、壓力、風險和不確定性中時，反而能茁壯成長和壯大。**

變化才是這個世界的本質，大海的表面看似平靜，其下往往是隱匿的波濤洶湧。如果你沒有反脆弱能力，不敢擁抱變化，不敢主動尋求改變，就很容易在危機之下走向消亡。塔勒布說：「我們一直有種錯覺，就是認為波動性、隨機性、不確定性是一樁壞事，於是想方設法消除它們，但正是這些想消除它們的舉動，讓我們更容易遭到『黑天鵝』的攻擊。」

熊貓在遷徙到秦嶺這一帶的時候，看到漫山遍野的竹子，一定有到了天堂的感覺。雖然竹子不好吃，但是牠們不用費盡心思地偷蜂蜜，找鳥窩，只要天天坐在那裡吃就行了。當感覺到自己可以一勞永逸的時候，牠們也把自己推到了一個完全意識不到的大陷阱裡——一天有十幾小時在吃竹子，而在人類的保護下，退化到連性慾都沒有了，整個種群瀕臨滅絕。熊貓是脆弱的，經不起外界變化的衝擊，不具備反脆弱能力。

風會吹滅蠟燭，卻能使火越燒越旺。當面對隨機性、不確定性時，你要擁抱它們，利用它們，而不是躲避它們。你要成為火，渴望得到風的加持。

建立生活的反脆弱系統

你無法消除世界的波動和變化,即使能消除它們,也會變得脆弱,所以不要追求表面的穩定,而要勇於接受變化。波動和變化並不是壞事,不僅會考驗你的反脆弱能力,還會幫助你建立自己強大的反脆弱系統。

1. 樹立危機意識,保持壓力源

古人很早就告誡過我們,生於憂患,死於安樂。有的人在職場中工作幾年之後就混成了「老油條」,只追求做好分內事,對舒適圈之外的事情卻敬而遠之,極力迴避。最後的結果,很可能是被這個社會淘汰。

朱利斯·沃爾夫是德國的一位骨科醫生,提出了一個以他的名字命名的定律——沃爾夫定律。

沃爾夫定律是關於骨骼成長的定律,主要是指人體的骨骼如果長時間受到外部壓力,骨密度和堅硬程度就會增大。如果一個格鬥運動員反覆用拳頭擊打,用腿腳踢打,那麼因為其拳頭和腿腳受力較多,且長期接受鍛鍊,所以這兩個部位的骨密度就會比其他不受力部位的骨密度大,相關的肌肉也會更加強壯。

一個人的反脆弱能力會像肌肉那樣,始於一點點壓力,也會隨著壓力的持續供給而變得強壯。為了獲得壓力源,你要多

行動，多實踐，多去探索世界，這樣才能遇見一些新奇的事物，看到一些新的變化，感受不確定性，提高危機意識。此外，你還要勇於踏出舒適區，多做一些能力之外的事情，多學習、多鑽研，保持一定的壓力。這樣，即使公司遇到了「黑天鵝」，你也能有隨時離開的本事，這就是你的反脆弱性。

我之前公司的主管，即使工作挺不錯，他也會隔三岔五地去其他的公司面試。他去面試並不是對現在的工作不滿，而是去接受一些挑戰，看看當下的市場需要的是什麼樣的人才和技能、自己和這個市場的預期到底存在多大的差距。

2. 主動試錯，攻擊自己

在一個多變、無法預測的時代，很多事情單靠想已經想不清楚了。邊做邊學，邊栽跟頭邊站起來，是這個時代最好的應對方法。

比如，你要學習游泳，不能先找一本教游泳的書，把所有關於游泳的知識學好之後再下水，如果這樣，你就永遠都學不會游泳。你真正需要做的是，先行動，先下水試著感知水，感受內心的恐懼，然後在練習的過程中不斷地反思哪個動作做對了，哪個動作做錯了，進而調整游泳的動作和心態，這樣才能夠真正地學會游泳。

每一次所謂的失敗都只是一次告知你「你之前的假設是錯誤的，需要尋找新的假設」的信號而已，是一個轉捩點，而不

是一個終點。

為了適應移動互聯網時代，騰訊內部成立了三個團隊，誰做得好就用誰的。其實那個時候，騰訊已經有QQ了，但馬化騰還是敢於攻擊自己，勇於試錯。最終，張小龍團隊開發的微信脫穎而出，現在成了大家每天都離不開的手機應用。這說明騰訊在發展的過程中，其實一直在試錯，一直在突破自己。

試錯，就是用有限的損失來換取無限的收益，這本身就是一項很強的反脆弱策略。

3. 採用槓鈴策略

塔勒布推薦大家在生活的很多方面採用槓鈴策略——一個槓鈴的兩端比較重，中間比較輕，一端是極度的風險規避，另一端是極度的風險偏好。槓鈴策略就是重視兩端，忽視中間，透過兩端的組合來平衡風險。

簡單來說，在投資理財的時候，你不能把全部資金都投到非常安全的管道，也不能把全部資金都投到高風險、高回報的管道，更不能把全部資金都投到中等風險的管道。

根據槓鈴策略，你可以做以下安排：

- 把90%的資金投到非常安全的管道，以避開「黑天鵝」，這是在極度的風險規避這一端的投入。
- 把10%的資金投到高風險、高回報的管道，即使遇到

「黑天鵝」，也只損失10%的資金，不會遭受重創，但可能獲得很大的收益，這是在極度的風險偏好這一端的投入。

比如，在工作上採用槓鈴策略，你可以把主要精力放在本職工作上，而花一小部分精力培養一個興趣愛好。在醫療上採用槓鈴策略，對於感冒發燒這樣的小病，你大可不必理會，待其自癒，這可以提高你的免疫力，而對於病危急救，任何可能的救治方式都應該嘗試。

槓鈴策略可以形成一種對你有利的不對稱性，也就是消除不利因素，保護自己免受極端傷害，讓有利因素自然地發揮作用，從而讓你從波動和變化中獲益。

4. 斯多葛派哲學家的安心之法

你擁有的東西越多，依賴的物質條件越多，你就會越脆弱。面對世事變化，你如何讓自己不被命運的無常所傷害呢？

在《心智突圍：重構心智的底層邏輯》這本書中，我給大家提供了斯多葛派哲學家的安心之法。斯多葛派哲學家給出了他們的反脆弱策略，就是要學會克己——擁有，但不產生情感上的依賴。

盧修斯·安內烏斯·塞內加是古羅馬帝國時期的斯多葛派哲學家。他在很多著作中曾表達過，財富會帶來不對稱性，會

讓你患得患失,進而變得脆弱,生活在持續的情緒威脅之下。它會最終控制你,讓你成為身外之物的奴隸。為了對抗這種脆弱性,塞內加的反脆弱策略是,透過心理練習來弱化財產在心目中的地位。這樣,當損失發生時,他就不會受到影響。

斯多葛派哲學家塞涅卡則建議我們:除了預想壞事的發生,我們有時還應該生活得好像壞事已經發生了一樣。光想一想失去全部財富還不夠,還要定期地「體驗貧窮」,給自己主動製造苦難,讓自己忍飢挨餓,真正地過一下苦日子。比如,你常常用汽車作為代步工具,偶爾也可以體驗一下走路的感受,這種刻意地製造不適,可以鍛鍊自控力,讓你不過分地依賴某種人、事、物。

斯多葛派哲學家的哲學主旨就是馴化情緒,保持對情緒的掌控力,其表現出的就是極強的反脆弱能力。理想的斯多葛派哲學家過的是這樣的生活——**享受美好,追求成功,但絕不沉溺其中,明白外在的人、事、物可能隨時消失**。如果榮華富貴轉瞬間被奪走,那也是命運使然。在日常生活中,你可以假想如果失去了那個非常看重的東西,該如何面對這個狀況及如何調整自己的情緒。

生活中的穩定,不是來自對安穩本身的追求,而是來自你自身的反脆弱能力。你可以採用以下幾個策略鍛鍊反脆弱能力:

- 有危機意識,能夠承受持續的壓力。
- 願意走出舒適圈,積極、主動地試錯。
- 採用槓鈴策略,從波動中受益。
- 實踐斯多葛派哲學家的安心之法,回歸內在平靜。

塔勒布在《反脆弱:從不確定性中獲益》這本書的結尾寫道:「玻璃杯是死的東西,活的東西才喜歡波動性。驗證你是否活著的最好方式,就是查驗你是否喜歡變化。」真正的穩定,來自自身構建的反脆弱能力。

決定一個人能走多遠的，是心理韌性

進化論創始人達爾文說過，生存下來的也許不是最強大的生物，也不是最聰明的生物，而是能夠適應環境變化的生物。現代西方哲學最早的奠基人之一尼采曾說過一句格言——凡殺不死我的，會使我更強大。

這些先哲所傳達的觀點，都指向了一個與我們的人生息息相關的因素——心理韌性。什麼是心理韌性呢？清華大學的彭凱平教授給出了這樣的定義：**心理韌性就是從逆境、矛盾、失敗甚至消極事情中恢復常態的能力。**

人生，其實就是一場馬拉松比賽，有時候你並不知道終點在哪裡。你只能按照自己的節奏一步一步地向前跑。這個過程

並不容易，因為一路上可能沒有人給你喝采助威，也沒有人和你並肩前行，唯一能夠讓你走得更遠，走得更久，並且走到最後的是你的心力，也就是所謂的「心理韌性」。

心理韌性賦予你的三種能力

心理韌性是你在人生中需要具備的關鍵素質，預示著你在不同的生活狀況下，都能夠擁有蓬勃的生命力。

一般來說，心理韌性賦予了你三種能力：

第一種能力是復原力，就是一個人在痛苦、挫折、磨難、失敗等各種挑戰下，依然能夠復原，回歸到正常狀態的能力。

一個人在人生中必然經歷很多風雨，所以他的自我調適的復原力就非常重要。具有復原力的人，能夠在面臨困境的時候不抱怨，並且迅速地平復內心的焦躁不安，從而可以從容地面對現實，靈活應對。

比如，當還是小孩的時候，你動不動就會因為不順心而哭泣，但隨著個人的成長，你在面對各種困難的時候，往往會趨於平靜，這就是因為你的復原力越來越強了。

第二種能力是堅忍不拔的能力。這就是心理學家安吉拉‧達克沃斯所說的堅毅，就像小沙粒一樣，無論你怎麼碾壓，它都不會變形。想一想曾經的校園生活，同學們在智力上相差其實並不大，人與人之間更大的差距，其實是個人在學習過程中

的堅毅程度。那些真正願意花時間理解課本，做好練習，及時總結反思，一路堅持到底的人，才更容易成為學習上的贏家。

　　第三種能力是創傷後的成長力，也就是之前闡釋過的「反脆弱能力」。如果你沒有在受到創傷之後依然奮起成長的反脆弱能力，不敢擁抱變化，不敢主動尋求改變，就很容易在危機之下陷入困境。

　　心理韌性賦予你的這三種能力，能夠讓你更好地適應這個真實的世界，更好地發展自我，實現自身價值。

有較強心理韌性的人所具備的三大特質

　　因為生活經歷、生活習慣不同，所以每個人自身的心理韌性都有差異。全球知名的市場資料研究機構CB Insights透過研究101家創業公司發現，導致創業失敗的20個主要原因中有7個與團隊心態有關係。不管是創立特斯拉的馬斯克，還是一直引領華為前行的任正非，大部分國內外卓越的成功創業者除了在自己的領域絕對專精，還有一個共性——有較強的心理韌性。

　　一個有較強心理韌性的人有什麼重要特質呢？

1. 有積極的認知風格

　　認知風格，就是你對事物的一些習慣性的分析判斷。對同

一件事情的認知，可以是消極的，也可以是積極的。比如，在沙漠中有兩個迷路的人，都只剩了半瓶水。一個人說：「慘了，只剩半瓶水了。」另一個人說：「太好了！還有半瓶水！」結果，前一個人倒在了離水源僅有幾百米的地方，而後一個人憑藉半瓶水走出了沙漠。有較強心理韌性的人往往就是那個積極看待半瓶水的人。

所以，你可以使用積極的認知風格去看待眼前的人、事、物，從而做出更有價值的人生取捨。

此外，有較強心理韌性的人也因為這種積極的認知風格，有著比其他人更好的情緒調節能力。在生活中有情緒的波動很正常，關鍵在於當遇到消極情緒的時候，能否很快地復原。你可以想一想，當遇到不順心的事情時，你的第一反應到底是消極地抱怨，陷入自責的情緒裡，還是積極地面對，讓自己恢復平靜？

2. 有較強的自我效能感

自我效能感，就是覺得自己有用，覺得自己能行。很多人的自我效能感往往比較弱，常常不夠自信，不太相信自己可以把事情做好。這樣的心態往往又會進一步讓他們發揮失常，陷入失敗窘境，進入自我效能感弱的惡性循環中。

每個人對自己的人生都有不一樣的態度，最後成敗很關鍵的一點，在於自我效能感。

1506年，明正德元年，30多歲的王陽明，迎來了人生中的第一次重大考驗。他因為上書替人求情，得罪了藉新帝得勢的太監劉瑾，不僅入獄，還被貶到貴州龍場。在赴龍場途中，劉瑾還派人追殺王陽明。這讓王陽明一路忐忑，到了杭州後，精心設計了一場自殺騙局：將自己的帽子和鞋子丟進了錢塘江，還在岸上留了封遺書，寫明自己無意苟活於世，於是選擇投江自盡，這樣才得以擺脫追殺。

這時的王陽明對生活心灰意冷，對人生不抱希望，想要從此歸隱田園，不問世事。他登上一艘商船到了福建，在上岸投宿的時候，意外地碰到了一位故人。這位故人是曾和王陽明暢談一夜的道士，瞭解了他在遭遇如此大的打擊後厭倦官場，想隱匿山林，就勸王陽明要考慮周全，畢竟抗旨會累及家人，另外還給他算了一卦。

這一卦叫「明夷卦」，道士給的解釋是：「主體正遭逢劫難，但一定不能輕言放棄，而要像周文王那樣，在困境中堅持下去，因為黎明很快就到了。」看了卦象，聽了這番勸解，王陽明放棄了歸隱的想法，也重新拾起對生活的信心，很快就趕往龍場赴任。龍場悟道、獨創心學、平定叛亂等，都是在他看了卦象之後發生的。

為什麼王陽明的人生因為一卦就發生了翻天覆地的轉變？原因在於他重建了自我效能感。

一開始，他像很多人一樣，抱怨蒼天不公，難逃厄運，失

去了活下去的希望,但是在理解了「明夷卦」的含義後,就突然像是一個偷看了人生劇本的人,相信上天給自己的種種安排都是為了成就自己。這種信念讓他的心境發生了逆轉,能夠用平常心看待生活中的各種磨難。別人眼裡的艱難險阻,都是生活為了成就他而出的一道道題目。他就像「天選之人」,一路前行,不再畏懼,而這不僅在於他理解了生活的真諦,還源於他自身較強的自我效能感。

生命就是一次解決問題的旅程,你要相信自己能夠完成答卷,給出獨一無二的答案。如此,你的人生才會充實而富足。

3. 有強烈的內控意識

一個心理韌性較強的人,是有強烈的內控意識的,會自己決定做什麼事情,他的自尊心比較強。他有目標,有追求,能夠有意識地控制內在的自我,不被波動的外在所影響。

在這個世界裡發生在你身上的事有很多,有的事是好事,有的事是壞事,你做事並不會始終順風順水。你需要明白,在生活中有些事是你能夠控制的,有些事是你控制不了的,而你要做的就是只關注你能控制的事。**只要有強烈的內控意識,就有勇氣改變那些可以改變的事,有肚量容忍並接受那些不能改變的事,並且有智慧區別以上兩類事。**

紐約大學的哲學教授馬西莫・匹格里奇提到過「斯多葛控制二分法」,就是主張我們關注能夠控制的東西,做好自己。

他在坐地鐵的時候，發現錢包被偷了。錢包裡有各種證件、信用卡，補辦肯定是非常費事的。一般人在遇到這種情況時，肯定會自責、憤怒，在未來的幾天都會活在鬱悶之中。匹格里奇這時卻習慣性地使用了「斯多葛控制二分法」。他想，錢包被偷這件事是沒辦法控制的，只能接受，而錢包已經丟了，他就應該關注那些能控制的部分，做好自己能做好的事。然後，他就選擇好好度過這一天。本來他已經和朋友約好晚上看一場演出，結果他根本不受錢包被偷的影響，看計畫好的演出，吃該吃的飯，生活一點也沒受影響。

匹格里奇主張我們修煉內控意識以增強心理韌性，因為他知道我們是控制不了外界和他人的，但是可以做好自己。

當為自己構建了積極的認知風格，有較強的自我效能感和內控意識的時候，你的心理韌性自然就會增強。在成為一個有較強心理韌性的人後，你就能在人生的路上走得更遠，同時也能把該做的事做成。

如何增強個人的心理韌性

一個有較強心理韌性的人，往往更能接受挑戰和不確定性，可以接受生活中的困難和失敗，並從中學習和成長。根據前面對心理韌性及其重要特質的理解，你可以從以下幾個方面來增強個人的心理韌性：

1. 與大腦緊密合作，提升自我效能感

如果一個人的自我效能感強，他就一定能夠扛住各種壓力、挫折和打擊，甚至會把各種壓力、挫折、打擊當作鍛鍊自己的機會。

在前面的章節中介紹過如何與大腦緊密合作來實現人生的高效能，你可以透過與大腦緊密合作來提升自我效能感，進而獲得更強的心理韌性。具體如何與大腦緊密合作，你可以回過頭去看看〈在日常生活中與你的大腦緊密合作〉一章。

2. 將積極的想法放在首位

你的大腦裡其實有很多想法，有些想法是積極的，有些想法是消極的。如果你不主動察覺並識別這些想法，就很容易被各種想法牽著鼻子走。

請將積極的想法放在首位，以便在最需要的時候隨時可用。對於你來說，這意味著每天清晨或晚上，你要安靜地坐下來，仔細思考需要記住的內容。你可以簡單地記錄那些有助於達到生活平衡的想法，並且反覆回憶日常的行為舉止是否與這些想法一致。

我稱這些積極的想法為肯定語或者信念。這些日常的反思，會讓你保持動力和正念，讓這些積極的想法在你的大腦裡扎根，即使生活混亂不堪，你的大腦也依然可以保持平靜。你

最終會發現，平靜並不意味著待在一個沒有噪音和麻煩的地方。**平靜其實意味著身處所有這些事情之中，大腦依然冷靜，內心依然強大。**

你可以每天早上（或晚上）回顧自己寫下來的肯定語或信念，然後安靜地坐兩分鐘，同時在腦海中默唸一遍。當真正開始實踐的時候，你會感到自己的心理韌性越來越強，可以更加從容地面對生活中的挑戰和困難。

3. 提高自我調控能力

延遲滿足的實驗大家應該都聽過：桌上有棉花糖，然後給一個孩子兩個選項——你可以馬上吃一顆，或者你忍住不馬上吃，阿姨會給你兩顆棉花糖。這個實驗就是要看這個孩子在追求更好的獎賞的過程中，能不能忍住，這需要一定的自我調控能力。自我調控能力與一個人的學習成績、社會地位及社會成就密切相關。

佛羅里達州立大學的著名心理學家鮑邁斯特發現，自我調控能力其實和肌肉力量一樣，是可以鍛鍊的。你不斷地挑戰自己的心理控制能力和意志力，如果能夠適應，你的自我調控能力就會變得越來越強，同時也就增強了心理韌性。

你可以用以下幾個方法鍛鍊自我調控能力：

(1) 堅持做一項健身運動。 你堅持體育鍛鍊，就是不斷地挑

戰自我，做自己不想做、不願意做的事情，但是持之以恆就鍛鍊了自己的意志力。

(2) 想像目標。能夠把兩顆糖和一顆糖的區別想明白，自我調控能力就會增強。所以，當目標很明確，時刻能夠想到有更遠大的追求時，你就能有更強的心理韌性面對眼前的困難和挫折。

(3) 專注於心流體驗。如果你在做任何事情的時候，都能夠沉浸其中，物我兩忘，身心合一，就說明你有很強大的自我控制力，所有的思想都集中在此時此刻的感受，那就是一種正念，一種心流體驗。心流體驗的時間越多，你的自我調控能力就越強，心理韌性也就越強。

羅曼・羅蘭曾說過：「世界上只有一種真正的英雄主義，就是認清了生活的真相之後，仍然熱愛它。」生活的真相是什麼呢？它有幸福，有成功，也會有失敗，有痛苦……而一個人要想真正地把人生活明白，需要的是一種強大的心理韌性，在人生的沉浮裡，勇敢地做出選擇，面對成敗。

人生選擇的底層邏輯

　　有的人在十年前買了幾套房，結果成了千萬富翁，有的人在前幾年進入股市，結果卻一貧如洗。有的人順風順水步步高升一路「躺贏」，也有的人忙忙碌碌東奔西走依然舉步維艱。每個人一路走來，都在做著這樣或那樣的選擇。你選擇上學，他選擇出國；你選擇上班，他選擇創業。那些看似不經意的選擇，總會在往後很長的一段時間裡左右著你的命運。

　　有的人說：「我們做出的大小選擇，決定了我們今生成為什麼樣的人，過著什麼樣的生活。」我很贊同這句話，人生是由一次一次選擇構成的，而選擇之後的結果經過時間的沉澱就匯流成了一個人命運的小河。小的選擇有今天是選擇吃白水煮青菜還是吃啤酒炸雞排，大的選擇有要找什麼樣的工作、跟誰結婚、要不要跳槽。

　　選擇的重要性，在這個時代被賦予了更多的意義和價值。

與過去我們無法選擇相比,如今我們的選擇顯然要多得多,同時也讓我們糾結得多。選擇之所以難,就是因為我們在當下看不到一個確定性的答案,擺在我們面前的選項往往都各有千秋,各有優劣,著實讓我們難以抉擇。

下面來看一道選擇題。一列火車正在前行,司機突然發現前方有九個小孩正在鐵軌上玩耍,剎車已經來不及了。前面還有一條岔道,只有一個小孩在廢棄的鐵軌上玩耍。如果這時扳道工扳道岔,改變火車前進的方向,那這個小孩會被撞死;如果不扳道岔,那九個小孩就沒命了。

如果你是扳道工,會怎麼選擇?很明顯這是一次兩難的選擇,如果你認為活著的人的數量比較重要,那麼可能選擇扳道岔;如果你認為在廢棄鐵軌上玩的小孩遵守規則,生命價值更高,那麼可能選擇不扳道岔。

其實,選擇的不同,往往來自每個人內心不一樣的價值取捨,這就涉及了價值觀。

- 你認為安逸平淡最重要,還是挑戰折騰最重要?
- 你認為事業成功最重要,還是家庭幸福最重要?
- 你認為追隨世俗最重要,還是堅持自我最重要?

這些都沒有標準答案,完全是個人的選擇,但這些選擇的背後,折射出來的是你對人生的見解和取捨。

在快節奏的生活裡,時間太緊,難題太多,選項太多,我們總是很容易在面對選擇的時候不得要領,焦慮煩躁,總是想追求那個最優解,但往往事與願違。這裡想要與你分享的,不是教你如何選擇最終成為人生贏家,畢竟每個人內心都有自己的標準,況且很多現在看來正確的選擇往往是運氣使然的,隨機性太大,而我更想要探究的,是大多數選擇背後的那些我們可以把握的思考邏輯。在基於這些思考邏輯延伸出來的人生原則的指導下,我們可以更好地應對生活給我們出的各種難題,做到內心自洽。

選擇主動

我曾經看過這樣一個有趣的故事:媽媽在給孩子檢查作業,練習冊上有這樣一道題。題目給了某個地方一年12個月的氣溫變化統計圖和降雨量變化統計圖,問題是:「如果你們一家準備在這個地區旅遊,那麼你會向爸爸媽媽建議幾月去?簡單說一下你的理由。」

下面歪歪扭扭地寫著一個答案:我會8月去,因為我的生日在8月,我可以在那裡過生日。而在試題中,8月正好是氣溫比較高(30℃以上)、降水量比較多的月份。很明顯,小孩的答案並不是這道題的標準答案,因為出這道題的目的就是想讓他選擇合乎常識和邏輯的月份,比如不冷不熱、降雨又少的

10月。

　　練習題有標準答案，但人生沒有標準答案。那個小孩的答案雖然看起來是錯的，但是真正屬於他自己。很多人在生活中都有從眾的本能，因為那是一種最簡單、最省力的選擇方式。他們不需要太多的思考，也無須糾結選項的優劣，在他們的心裡，經過了很多人驗證的選擇，總歸不會出什麼大錯。很多時候，我們會被社會的、別人的價值觀裹挾，做出並非出自個人本意的選擇，甚至很多時候對這種被動的選擇毫無意識。

　　我有一個離婚的朋友，她早在幾年前就想離婚了，但是周圍的人都勸她不要離婚，結果她沒有離成。現在有了孩子，家庭矛盾還是沒有解決，但如今的她選擇了離婚。這時，原來那群勸她的人已經不再說話，就好像與他們無關。

　　沒有人會為你的選擇負責，除了你自己。所以，最重要的是，你要主動地做選擇，因為在這個世界上，沒有人比你更瞭解你自己，你最需要的是質疑那些在耳邊反覆唸叨的「應該……」，然後依照自己的價值觀做選擇，即使最後發現，經過思考之後的選擇和別人的建議是一樣的，那也是你主動做的一次人生探索，而不是一次投機取巧的盲從。

　　更進一步講，只有主動做出選擇，你才願意為選擇之後的結果負責，而不會在失敗之後怨天尤人。儘管這種主動的選擇有可能是錯的，但是它真正地屬於你自己，而且正因為你會犯錯，所以你才有機會糾正自己錯誤的價值取捨標準，讓自己更

快地成長，以便讓自己在未來做出更正確的選擇。

選擇初心

一個老教授在課堂上問學生：「如果你們去山上砍樹，面前正好有兩棵樹，一棵粗，另一棵細，你們會砍哪一棵？」

問題一出，學生們都說：「當然砍那棵粗的！」老教授笑了笑，接著問：「那棵粗的不過是一棵普通的楊樹，而那棵細的卻是紅松，現在你們會砍哪一棵？」學生們想了想，覺得紅松比較珍貴，就說：「當然砍紅松了，楊樹又不值錢！」

老教授接著又問：「如果楊樹是筆直的，而紅松卻七扭八歪，你們會砍哪一棵？」學生們有些疑惑，但很快就說：「如果這樣，還是砍楊樹，紅松彎彎曲曲的，什麼都做不了！」老教授不容喘息地繼續問：「可是楊樹之上有個鳥巢，幾隻幼鳥正躲在巢中，你們會砍哪一棵？」這時，學生們面面相覷，不知道老教授想得到一個什麼樣的答案。

最終，老教授收起笑容，說：「你們怎麼就沒人問問自己，到底為什麼砍樹呢？雖然我的條件不斷變化，可是最終結果取決於你們最初的動機。如果想取柴，就砍楊樹，如果想做工藝品，就砍紅松。你們當然不會無緣無故提著斧頭上山砍樹！」

很多時候，你就像那些不斷隨著條件變化而改變選擇的學

生們,因為已經走得太遠,而忘記了自己為什麼出發。什麼是初心?初心就是一開始驅動你做一件事情的起心動念,而不是對外界財富和權力的追逐。面對生活的選擇,你更需要回到出發的原點,找到自己當初出發的理由,發現那股快要被自己遺忘的內心力量。

你為什麼學習,為什麼工作,為什麼創業,為什麼奮鬥?每個人都有各自的理由,但並不是每一個答案都能夠被稱為初心。

一個人看到有人因為運營公眾號名利雙收,所以就給自己設置一個寫作的初心,希望能夠靠寫作獲得可觀的財富,這樣的初心只是人生的欲望。初心不是隨口一說的欲望,不是一時興起的盲從。**相反,真正的初心建立在你對自己和外界的認知經驗之上,來自內心真正的熱情和信念。**你明白了自己的初心,就明白了人生的目標,這是一個向內探索的過程。所以,初心應該來自內在的需求,是你可控的,而不是來自外在的功名利祿這些不受你控制的東西。

審視初心,就是要審視出發時候的「為什麼」,只有那個直擊內心的答案才能激發你的動力和潛力。那為什麼這個「為什麼」如此重要呢?

美國學者西蒙·斯涅克做過一次有關領導力的演講,其中說到他有一個新發現,這完全改變了他對這個世界如何運作的看法,甚至從根本上改變了他的工作和生活方式。他發現世界

上所有偉大的組織和領袖，無論是蘋果公司、馬丁・路德・金恩還是萊特兄弟，他們思考、行動、交流的方式都完全一樣，但是與其他組織和其他人的方式完全相反。

西蒙・斯涅克稱這種模式為黃金圓環。

最裡層是「Why」（為什麼），中間層是「How」（怎麼做），最外層是「What」（是什麼）。

每個組織、每個人都明白自己做的是什麼，其中有一些組織和人知道該怎麼做。「How」這一層可能會產生一些差異價值，比如獨特工藝、獨特賣點，但是只有非常少的組織和人明白為什麼做。

很多人面對自己所做的事情，往往會說為了錢，但是錢只是一個結果，而且永遠只能是一個結果，它無法觸及黃金圓環裡的那個核心「Why」。這裡的「Why」，指的是你的目的是什麼、你做一件事情的原因是什麼、你懷著什麼樣的信念、你的價值取向是什麼。

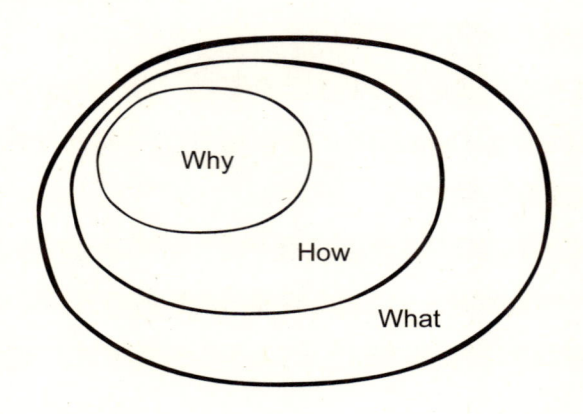

從「Why」出發,然後經過「How」,才能更好地獲得「What」。那些優秀的組織和個人的思考、行動、交流的方式都是由內而外的。

大多數人都沒聽說過撒母耳・蘭利這個人。

20世紀初,研製飛行器就像當今互聯網創業這樣熱,很多人都在嘗試。對於撒母耳・蘭利而言,他擁有所有大家認為能夠成功的要素,佔盡了天時地利人和:美國國防部給了他5萬美元作為研製飛行器的資金(這可是20世紀初的5萬美元)。他在哈佛大學工作過,人脈極廣,認識當時最優秀的人才,雇用了用資金能吸引到的最優秀的人才,並且當時市場也對他很有利。《紐約時報》對他追蹤報導,很多人都支持他。

與此同時,幾百公里之外的俄亥俄州代頓市有一對兄弟——奧維爾・萊特和維爾伯・萊特,他倆沒有任何我們認為能夠成功的要素。他們沒有錢,要用自行車店的收入來追求他們的夢想。他們的團隊裡沒有一個人上過大學,周圍也沒有很多人支持。不同的是,萊特兄弟追求的是一個事業、一個目標、一種信念,相信如果能研製出飛行器,將會改變全世界,這是從「Why」層出發來做一件事情。而撒母耳・蘭利想成名,追求的是最終的結果,只是停留在了「What」層。

接下來怎麼樣呢?那些和萊特兄弟一樣有夢想的人跟著他們熱火朝天地奮鬥著;另一邊的人則只是為了工資而工作。最後,1903年12月17日,萊特兄弟製造的飛機成功起飛,而蘭

利在萊特兄弟成功的當天就辭職了,因為他沒有成為第一個製造飛機的人。

只有從黃金圓環裡的「Why」層出發的人,才有足夠的動力來激勵自己並且影響別人,才有可能在人生的路上實現夢想。

黃金圓環其實有著深厚的生物學基礎。當俯視大腦的橫截面時,最外層的大腦皮層對應著「What」層,負責對外界的顯意識感知,能讓你理解大量的複雜資訊,但不足以激發行動,特別是在外界給予你負面回饋的時候。裡層的邊緣腦對應著「Why」層,反映出內心潛意識層面的真正需求,負責所有的情感(比如信任和忠誠),深刻地影響著你的行動和決策。

比如,你明明知道學習這件事情能夠讓你的能力提升,但是內心很抗拒,感覺不對,不想學習,這其實是因為你並不知道為什麼要學習,以及學習的理由、動機和信念不清晰。從黃金圓環的「Why」層出發來審視初心,會讓你真正聽從內心的召喚,找到能夠激勵你前行的那個有力的答案。

有人問聯想的柳傳志,是應該堅持初心還是應該順勢而為?他的回答是,初心是大方向,比如要從北京到洛杉磯,在確定了大方向後,要考慮怎麼去,如果坐船,那麼要考慮中間要停靠幾次,可以從什麼地方進行補給。初心就像指南針,讓你能夠始終找到前行的方向。

不忘初心的選擇,能夠讓你專注地、長時間地做那些真正

能夠激發內心動力的事情，這時的你不是被外界理性的目標所裹挾，比如要賺多少錢、要達到什麼地位，而是被一種情感的強大力量所鼓舞，塑造自己的人生。選擇初心，就是在抉擇之前，問問自己內心所嚮往的是什麼，問問自己做一件事的意義是什麼，問問自己什麼是真正在意的。

選擇善良

關於善惡的道德評判，德國哲學家康德有一個基本客觀的定義——

(1) 你的行為是否具有邏輯的普遍性？
(2) 你的行為本身是否可以持續？

比如，你選擇的發財方式是借錢不還，是不是道德呢？一方面，你借錢不還在邏輯上是沒有普遍性的，因為如果把這個邏輯用在你的身上，你願意嗎？別人借你的錢不還，顯然你是不願意的，所以它不具有邏輯的普遍性。另一方面，你借了別人的錢不還，下次你還能跟他借到錢嗎？他肯定不會再借錢給你，所以這種發財方式是不可持續的。

那種沒有普遍性、不可持續的事情，往往就是不道德的，就是在作惡，一如那些頻頻暴雷的P2P借貸理財。

在人生的岔道口上,你要做那些能夠讓自己的行為具有普遍性和可持續性的選擇,如此才能讓你在與他人的互動中獲得意義感和價值感。**選擇善良,就是保證自己的行為具有普遍性和可持續性。**

Google有個口號叫Don't be evil(不要作惡)。Google不把廣告內容放入搜索結果中,其實就堵死了賺快錢、「惡錢」的捷徑。

Google看似愚蠢的行為,其實恰恰具有普遍性和可持續性,在善良和邪惡之間,它選擇了前者。它沒有接受賺快錢、「惡錢」的誘惑,因為它很清楚這只會讓它越來越惡,從根本上喪失創造性和可持續發展。

相反,它選擇了另一條路徑——創新之路,發展自己的搜索技術,透過資料採擷技術獲得對每個搜索者需求的洞察力,然後依據這種洞察力在內容搜索結果的右邊放置與搜索者的需求相匹配的廣告,這樣就會大大增加搜索者點擊廣告的可能性。在這種創新之下,Google既沒有干擾搜索結果,也賺到了錢。驅動這種改變的是創新,這種創新給它帶來了用戶喜聞樂見的普遍性和可持續性,同時也讓它能夠越走越遠,越走越好。

亞馬遜創始人貝佐斯認為,善良比聰明更重要,在面對不確定性的時候,聰明是不足以讓你做出正確決策和選擇的,反而是善良這種與認知好像沒有關係的特質能幫助你做出正確的

決策。

當選擇善良的時候，你會更願意給予而不是索取，會更懂得約束自己的行為以利他，而不是為一己私利為所欲為。這時，你會主動地為自己開闢出一條新的路，而不是走進一個死胡同。

選擇善良，就是選擇那些具有普遍性和可持續性的行動。等一切塵埃落定，你回頭去看，會發現這些往往都是最好的選擇。當不知道該怎麼選的時候，你可以想一想那個更善良的選項。當然，你的善良肯定不是那種愚昧的善良，而是一種有智慧的、聰明的善良。聰明的善良不是讓人一味地忍讓，毫無底線，而是讓善良自配一副鎧甲。當做選擇的時候，你不妨問一問自己，這次選擇之後的行動是否具有普遍性和可持續性。

選擇成長

在人生中，冪次定律起著廣泛的作用。冪次定律類似於二八法則、槓桿原理，也就是說，你的人生中的大部分成就都來自很少的事情。比如，投資的大部分收益往往來自某一兩個投資項目，大部分工作業績往往來自少數的幾個大客戶。

普通人的崛起沒有什麼竅門，最重要的是找到人生中那些少量成長性很高的事，然後為之拚盡全力。如果你把時間放在吃飯、看電視劇、逛淘寶、玩遊戲這些事情上，那麼也許當

時會很開心、很滿足,但是它們無法對你的人生產生更深遠的影響,無法在未來生成更多的成果,相反,它們會讓你變得懶散,變得頹廢,最終讓你未來的生活變得艱辛而平庸。如果你把時間放在讀書、學習、鍛鍊上,專注於自己的優勢,做那些對未來有價值的事情,也許當下會很煩躁,會很難受,但這類事情的影響和效用卻會在長期的積累之下顯現出來。

這些成長性的行動和思考會借助時間的加持,讓你的目標和理想生根發芽,在某個時刻變幻成改變你的人生走向的「黑天鵝」事件。「黑天鵝」事件是突然發生的,不過等你回過頭來看,一切又那麼符合邏輯。

工作和生活的第一性原理,其實就是成長。所以,你做出選擇可以基於以下幾點:

(1) 這件事情能不能積累我的能力?
(2) 這件事情能不能幫我完善已有的能力?
(3) 這件事情能不能讓我獲得新的能力?

比如,對於是否要看一檔辯論式綜藝節目這個問題,如果你只是把它當作娛樂,那麼這肯定對你沒有太大價值,你可以選擇不看;如果你把它當作提升邏輯思維的途徑,反覆「咀嚼」每個選手的思維邏輯,思考自己有什麼獨特觀點,那麼可以選擇看。

當用成長性做選擇的時候,你就在不斷地讓自己成長,不

斷地改善自己的技能、認知和思考邏輯。

選擇的過程,就是一個價值觀打磨的過程,讓你更清楚自己在意的是什麼、看重的是什麼。這是一個去偽存真的過程,是你用自己的價值觀來創造生活的過程。

得到和失去,存在於生活中每一次選擇背後的較量。有選擇就會有得失,有得失就會有好惡,有好惡也就生出了各家意見,而每個人都有自己的立場、閱歷、經驗、感悟,所以各自的選擇就千差萬別,大相逕庭。

選擇沒有對錯,它只是你給生活交出的一份沒有標準答案的答卷。你無法確保每份答案都令人滿意,但是可以依賴下面這些更接近世界真相的思考邏輯和價值原則來做決策:

- 選擇主動,為自己的人生負責。
- 選擇內心所向,不忘初心。
- 選擇善良,做那些具有普遍性和可持續性的事情。
- 選擇成長,讓自己的心智始終保持進化。

當越來越瞭解自己並越來越清楚想要成為什麼樣的人、過上什麼樣的生活時,你就知道如何在生活中做出符合內心的選擇。在人生的路上,是該左轉還是該右轉,是該前進還是該後退,全在於你自己,而你要做的就是透過無愧於心的選擇來成就自洽的人生。

附錄

自洽人生指南

並不能說一個擁有自洽力的人在以後的人生中便會一帆風順，事事順利。他在生活中依然會碰到難溝通的人，會遇到難辦的事。不過，因為他有了汲取於內心力量的自洽力，所以可以從容、淡定地看待周圍的世界，沒有焦慮，沒有期待。這讓他在為人處事的過程中活在當下，專注於做好該做好的事，而不被內在情緒和外在環境牽著鼻子走。

自洽的人生，會讓你由內而外散發出平靜和鬆弛感。你很清楚地知道自己是誰，想要什麼，所以在面對生活中的各種狀況時，都可以在清晰的自我認知中用自洽的思維方式和行動策略來指導生活。

前面介紹了各種自我認知方法、思維方式及行動策略，下面提供一份自洽人生指南。你可以把它當作日常生活中的嚮導，當遇到問題的時候，可以看一看裡面是否有相似的狀況。如果有，你就可以參考在這種狀況下應該用什麼方法和策略提升自洽力，回歸內心的平靜，從而從容地面對生活，解決問題。即使問題無法立刻解決，你也會有更大的內心力量去面對它，接受它，並最終解決它。

狀況1：每天上班、下班，過著公司和家裡兩點一線的生活，非常單調乏味，不知道自己到底想要什麼。

自洽指南

其實迷茫在40歲之前是人生常態。你從小到大並沒有上過任何一門課來學習如何過好這一生。人生該怎麼過並沒有標準答案，但是你可以看一看本書中以下章節來找到只屬於自己的答案：

- 〈人生最重要的問題：你願意承受什麼樣的痛苦〉
- 〈成為你自己，才是人生暴富的捷徑〉

狀況 2：生活很不規律，晚睡晚起，身體越來越肥胖，每天都想讓自己積極一點，自律一點，但總是三天打魚兩天曬網，好難過。

自洽指南

你希望自己積極上進，但可能總是事與願違。這其實與你內心的真實渴求有關係，所以你要追求的是自驅而不是自律。你要透過科學的方法挖掘人生的動力。請參考以下章節：

- 〈間歇性自律、持續性懶散，你到底做錯了什麼〉
- 〈做事沒有動力，你該怎麼辦〉
- 〈尋找人生中的「阻力最小路徑」〉

狀況3：明天有一件很重要的事要做，內心好焦慮，擔心做不好，怎麼辦呢？

自洽指南

當把一件很重要的事擱在心裡的時候，你就容易把它無限放大。當它在你心裡的分量太重的時候，你就會感覺到有壓力，焦慮、擔憂的情緒就容易滋生。如何釋放壓力，從容應對呢？請參考以下章節：

- 〈生活給什麼都能接得住的人，才能獲得自由〉
- 〈在日常生活中與你的大腦緊密合作〉

狀況4：在生活中總是愛發脾氣、不開心，容易與家人和朋友，甚至陌生人鬧矛盾，怎麼辦？

自洽指南

情緒化的生活是最消耗心力的。一個人越被情緒所困，就越容易一事無成，陷入人生困境。請參考以下章節來瞭解情緒，覺察情緒，並最終釋放情緒，做一個有情緒卻能自由掌控情緒的人。

- 〈保持情緒穩定，做生活的主人〉
- 〈自我覺察的層次〉

狀況5：做什麼事都不太自信,總是在做事的關鍵節點掉鏈子,也從來不敢主動爭取,覺得自己不如別人,不配得到好的結果。

自洽指南

很多人一生都在尋求外界的認同,卻從來沒有意識到對自己的認可和接納才是更重要的事。你只有認可自己,接納自己,才會慢慢地建立起自信。自信從來不來自外界,而來自你的內心對不完美的自己的接納。要想學會接納自己,請參考以下章節:

- 〈自我覺察的層次〉
- 〈幸運是一種看待世界的方式〉

狀況6：中年被裁，剛畢業就失業，失戀了好難過，感覺人生沒有希望了。

自洽指南

每個人的身上都會發生不那麼美好甚至可以稱為悲慘的事，這些都是無法控制的。當面對這樣的困境時，你唯一可以做的就是改變固有的認知方式，耐心地分析當下的狀況並積極面對。如果你正在面對類似的困境，那麼請參考以下章節：

- 〈「內卷化」的生活，如何破局〉
- 〈決定一個人能走多遠的，是心理韌性〉
- 〈內心自洽的五大思維模式〉

狀況7：每天的時間都不知道花在哪裡了,想要做的事一件也沒做好,感覺浪費了很多時間。

自洽指南

人生最寶貴的財富就是時間,每個人一天都有24小時。如何充分地利用時間,決定了你的成就有多大。要想成為時間的朋友,請參考以下章節:

- 〈懂得做事耐心的人,才是時間真正的朋友〉
- 〈比情商更重要的是一個人的時間商〉

狀況8：回顧人生，從20歲之前覺得自己是「天選之人」，到如今好像並沒有做成什麼事，學習不好，工作不出色，生活也不如意，感覺自己遇到過很多機會，但都沒有把握住。

自洽指南

很多時候，你是按照生活的慣性在活著的。你越習慣把事做好、做極致，你的人生就會越有成就感。如果你總是習慣做事半途而廢，你的人生就會越來越潦倒。怎麼讓自己把握住人生的機會，過上自己想要的生活呢？請參考以下章節：

- 〈別太把自己當回事，要把自己做的事當回事〉
- 〈找到最重要的事，不斷重複做〉
- 〈把一件事做到極致〉

狀況9：我希望在生活中沒有問題，沒有突發的狀況，一切都按照我的想法進行。我希望事事順心如意，卻總被生活裡層出不窮的問題和突如其來的困難困住，為什麼生活總是不盡如人意呢？

自洽指南

無常就是這個世界的本質，生活裡唯一不變的就是變化本身。你不能指望這個世界按照你期望的劇情發展，因為外界從來不是你可以掌控的。你唯一可以做的，就是著眼於自身，建立自身的反脆弱系統，用科學的認知去抵抗生活中的風險。請參考以下章節：

- 〈在不確定的世界裡追尋機率的提高〉
- 〈生活的穩定來自你的反脆弱能力〉

狀況10:我是該工作還是該考研?我到底該不該急著結婚?有兩個工作機會,該選哪個呢?

自洽指南

人生中充滿了各種選擇,你每天都在做這樣或那樣的選擇,即使是最小的選擇,其實最終也會對你的人生走向有影響。如何做選擇,是每個人都要學習的人生必修課。如果你面臨著人生的重大選擇,那麼我希望你好好看一看以下章節:

- 〈人生選擇的底層邏輯〉

狀況11：父母總是要求我按照他們的方式生活、考研、工作，現在還催婚。我和他們的矛盾越來越大，衝突越來越多。我不知道是該反抗還是該順從。我似乎並不能為自己的人生作主，害怕父母說我不孝順。

自洽指南

每個人都只擁有一次生命，最好做自己想做的事（當然，前提是做的事要合理合法），對自己誠實，不要撒謊。看別人的臉色活著，回應別人的期待，那是為了別人而活。其他任何人（包括你的父母、上司、朋友、社會主流群體等）都沒辦法替你活，因為在人生的最後階段，能說「活得很有意思，走這一遭太棒了，很慶幸自己過了這樣的一生」，比在其他人的眼裡有用、有價值更重要。過自己想要的人生，為自己的人生負責，這並不是不孝順父母。如果你還活在他人的期待裡，那麼請好好閱讀下面的章節：

- 〈成為你自己，才是人生暴富的捷徑〉
- 〈人生選擇的底層邏輯〉

狀況12：工作上很有壓力，同事之間競爭激烈。我不知道是不是應該隨大流跟同事一起「卷」起來，人家做什麼我也跟著做？

自洽指南

競爭往往是因為資源有限或大家勢均力敵。普通人無法改變資源和環境問題，那就只能專注於自我的提升。不管這個世界如何變化，不管別人如何「內卷」，你需要做的都是認清形勢，專注於做當下最應該做的事。專心致志是一種迴避競爭的策略，甚至可以叫「超越競爭策略」。因為當非常專注地做一件你應該做並且值得做的事時，你就容易進入心流體驗，甚至達到巔峰體驗。所謂巔峰體驗，就是你的思維清晰，內心清明，毫無雜念，可以全力以赴把事做好的狀態。當一個人專心工作，專心做那些重要的事時，他就真的在某一個方面可以比別人做得好，所以沒必要與別人較勁，而應該持續地在自己的身上下功夫。對於如何持續地在自己的身上下功夫，請閱讀以下章節：

- 〈保持情緒穩定，做生活的主人〉
- 〈把一件事做到極致〉
- 〈「內卷化」的生活，如何破局〉

狀況13：當前你正在做一件很重要的事，或者遇到了一個你認為很重要的人，因為你很在乎這件事或者這個人，所以有些焦慮，擔心事情不會朝預想的方向發展。

自洽指南

你越想做成一件事，就越不容易做成。你只有把心態放鬆，才會心想事成。對於很多事，你在剛開始做時，折騰了很久都沒有結果，但是停下來放一放、歇一歇，再回過頭來做時很快就「柳暗花明」了。這涉及兩個特別重要且有趣的真相：

- 很在意一個人或一件事，會產生反作用力，讓那個人或那件事離你越來越遠，所以你要懂得適時放手。
- 你要始終相信問題最終會被解決。

所以，你需要在生活中培養自己「停一停」的能力和「先相信，後看見」的心態。只有這樣，你才能淡定地看待那個困擾你的問題，讓結果在你毫不在意的時候靠近你。請閱讀以下章節：

- 〈自我覺察的層次〉
- 〈別太把自己當回事，要把自己做的事當回事〉

狀況 14：我非常在意別人的看法，不敢做真實的自己。我對別人說的每句話看似都不在意，但其實非常在意。人怎麼才能做到不在乎別人的評價呢？是靠不要臉就行嗎？

自洽指南

每個人都是獨一無二的個體，你必須對自己的人生負責，而不是對別人的評價負責。你要成為自己人生的主人，而不是成為別人眼裡那個他所期待的人。周國平曾說：「世上只有一個你，你死了，沒有任何人能代替你活；你只有一次人生，如果虛度了，沒有任何人能真正安慰你──那麼，你還有必要在乎他人的眼光嗎？」

想要成為你自己，不在意他人的評判，請閱讀以下章節：

- 〈成為你自己，才是人生暴富的捷徑〉
- 〈別太把自己當回事，要把自己做的事當回事〉
- 〈內心自洽的五大思維模式〉

狀況15：我在做事的時候總想快一點得到結果，但往往事與願違，越著急，事就越做不好，怎麼才能靜下心來好好做事呢？

自洽指南

在這個快節奏的時代，能做到延遲滿足的人很少。因為你習慣了「短平快」的生活節奏，無法從更長的時間維度來做決策。如果你做事沒有耐心，總希望快速得到一個好結果，那麼建議你閱讀以下章節：

- 〈懂得做事耐心的人，才是時間真正的朋友〉
- 〈把一件事做到極致〉

狀況16：我不想努力了，因為努力似乎改變不了什麼。我只想「躺平」，什麼都不去想，什麼都不去做。

自洽指南

越來越多的年輕人選擇「躺平」，對人生的追求越來越少，開始變得「佛系」。可是，「躺平」就是面對未來變化的最佳策略嗎？我並不這樣認為，因為「躺平」意味著對糟糕生活的絕望和消極應對，不僅沒有辦法解決問題，還會讓你遇到越來越多的問題。與其「躺平」，不如好好思考該如何自洽地過好這一生。「躺平」並不能帶給你自洽，也無法讓你的生活變得有意義，你可以透過閱讀以下章節找到人生新的機會：

- 〈成為你自己，才是人生暴富的捷徑〉
- 〈人生最重要的問題：你願意承受什麼樣的痛苦〉

狀況 17：如果我不喜歡現在的工作，不喜歡同事、老闆，那麼該不該換一個工作呢？

自洽指南

很多時候，你不喜歡一個工作，很可能是因為你的能力不足，沒有辦法把這個工作做得得心應手，也有可能是因為你不太適應周圍的環境。不管是哪種原因，我都建議你捫心自問：「到底是我的內心的哪個部分讓我感受到了這個工作不好？」當向內看的時候，你更容易發現問題的關鍵所在。相反，如果你總向外看，總把問題歸咎於周圍環境和他人的原因，就很容易抱怨，產生消極負面的情緒。如果你沒有解決自己的內在問題，那麼即使換一個工作，也可能會不喜歡那個工作。你看一看以下章節，也許可以慢慢地學會向內看：

- 〈生活給什麼都能接得住的人，才能獲得自由〉
- 〈內心自洽的五大思維模式〉
- 〈人生選擇的底層邏輯〉

狀況18：我找不到生活的意義，什麼樣的人生是自由的呢？要有很多錢嗎？要住很好的房子、開很好的車嗎？如何獲得自由的人生呢？

自洽指南

什麼是自由的人生？並不是你有很好的工作，住很大的房子，有很多錢，有很多資源，你的人生就自由了。你可以看一看周圍那些在物質上很富有的人，他們仍然有很多煩惱，依然要面對很多問題。雖然他們的人生看起來比窮人多了很多選擇，但是他們依然不自由。真正自由的人生，是指你在面對任何人生無常的時候，都能始終保持內心的平靜和自洽，不被情緒支配，不過分依賴外界的人、事、物。

內心恐懼是人生自由最大的敵人。在遇到事時，你的第一反應代表了你對生活的態度。這種態度會影響你的人生的每一次選擇。所以，你要多觀察自己遇到各種人和事的情緒與感受，從中可以看到內心到底在恐懼什麼、你到底是什麼樣的人、你真正的渴求是什麼，這些對自我的認知及對情緒的接納，將會幫助你找到通往自由的大門。透過閱讀本書，我相信你可以找到一些有關人生自由的答案。

後記：自洽地活

我看過一個職場綜藝節目，選手需要在一個接一個的項目中展示自己的能力和才華，爭奪僅有的幾個職位。

有一個選手特別吸引我，讓我很欽佩。這個選手在自我介紹的時候，說自己是冷漠的人，不太會推銷自己，展示自己的才華就行了。她在項目緊張的時候拒絕加班、拒絕「內卷」，卻可以在第二天開會前拿出工作成果；她可以在作為隊長選擇成員的時候，不簡單地以項目成敗作為權衡標準，而從人和人的真實關係出發去考量。

說到底，她散發出來的那種人生的自洽和鬆弛，讓我感覺她很有人格魅力，這是一種由內而外散發出來的狀態，不計較，不偽裝，甚至有點無所謂，然後就已經把事情做得很好。

這樣的人沒有糾結，沒有內耗，是對自我認可度很高的人，不僅對自己的實力很自信，對自己的生活原則也很自信。此外，她也是一個很愛自己的人，可以在任何一個環境裡和諧地與他人相處，接納自己，不需要委曲求全，也不需要虛張聲勢。

說白了，我很喜歡也很欽佩那種擁有自洽力的人。他們往往會給外界呈現出一種溫和而堅定的狀態，能夠自我調整，自我安置，自我接納。任何一種變化在他們的面前都可以雲淡風輕，大而化之。更重要的是，他們不「躺平」，可以從內心汲取力量去面對人生的無常，可以悄無聲息地把事情做了，而且還做得很好。

　　我希望自己是一個擁有自洽力的人，可以很清楚地知道自己是誰、想要什麼，可以對自己有足夠的認可和自信，可以有足夠強的思維認知能力去瞭解這個世界的運行邏輯並多視角、多維度地看待生活，可以自我驅動地做好那些對我而言很重要的事情，提高成事的機率，做好人生的每一次選擇。最重要的是，我也希望自己可以很自洽地面對我的人生，不糾結，不內耗，只是按照我的人生節奏生活。

　　我很高興有機會把過往對內心自洽的感悟和實踐整理出來，集結成一份可以指導我認知和行動的生活指南，所以本書就是我在探索一個人如何自洽地活的過程中的所思所想所悟。

　　如果透過閱讀本書，你發現自己的內心有了一些變化，在面對突如其來的變化時不再恐懼，能夠在浮躁的世界裡保持內心的平靜，可以專注地把一件事情做到極致，那麼我的思考和文字就變得更加有意義和有價值了。

　　人生是一場修行，生活裡的任何一個節點都是你修煉的契機。希望你可以和我一起在這個變化的世界裡修煉內在的自洽

力,然後在這個修行的過程中見自己,見眾生,見天地,這就是自洽地活。

在看完本書之後,無論你有任何想法、感受或者故事,都可以在「自言稚語」公眾號留言與我分享。我很樂意與你進行更多的交流,共同探討如何在這個無常的世界裡自在前行。

學會從容，
人生不慌不忙

```
學會從容,人生不慌不忙 : 擺脫內耗,活出人生的鬆弛
感 / 雨令著. -- 初版. -- 臺北市: 春天出版國際文化股
份有限公司, 2025.06
  面 ; 公分. -- (Better ; 49)
ISBN 978-626-7637-98-2(平裝)
1.CST: 情緒管理 2.CST: 自我實現 3.CST: 生活指導
176.5                                          114005736
```

Better 49

作　　者	◎雨令	
總 編 輯	◎莊宜勳	
主　　編	◎鍾靈	
出 版 者	◎春天出版國際文化股份有限公司	
地　　址	◎台北市大安區忠孝東路4段303號4樓之1	
電　　話	◎02-7733-4070	
傳　　真	◎02-7733-4069	
E－mail	◎frank.spring@msa.hinet.net	
網　　址	◎http://www.bookspring.com.tw	
部 落 格	◎http://blog.pixnet.net/bookspring	
郵政帳號	◎19705538	
戶　　名	◎春天出版國際文化股份有限公司	
出版日期	◎二○二五年六月初版	
定　　價	◎410元	

總 經 銷	◎楨德圖書事業有限公司
地　　址	◎新北市新店區中興路2段196號8樓
電　　話	◎02-8919-3186
傳　　真	◎02-8914-5524
香港總代理	◎一代匯集
地　　址	◎九龍旺角塘尾道64號 龍駒企業大廈10 B&D室
電　　話	◎852-2783-8102
傳　　真	◎852-2396-0050

版權所有・翻印必究
本書如有缺頁破損，敬請寄回更換，謝謝。
ISBN 978-626-7637-98-2

本作品中文繁體版通過成都天鳶文化傳播有限公司代理，經電子工業出版社有限公司授予春天出版國際文化有限公司獨家出版發行及銷售，非經書面同意，不得以任何形式，任意重製轉載。